hier feiern wir Hoffest
Kuhweide
Bienenstöcke
Holzplatz
Kornfeld
Zur E 6
Weinreben
Grillplatz
Brombeeren
Pferdekoppel
ühnerhaus
Obstwiesen
Schafskoppel
Kaninchenstall

BGO 858
KUSTOM ACCESSORIES

– LISA LEMKE –

LISA AUF DEM LAND

VOM LEBEN AUF EINEM ALTEN BAUERNHOF

PRAKTISCHE TIPPS FÜR SELBSTVERSORGER UND LECKERE REZEPTE

FOTOS: MAGNUS CARLSSON

BUSSECOLLECTION

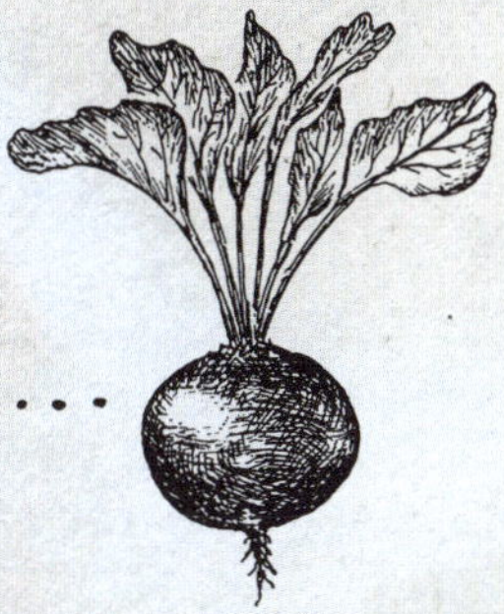

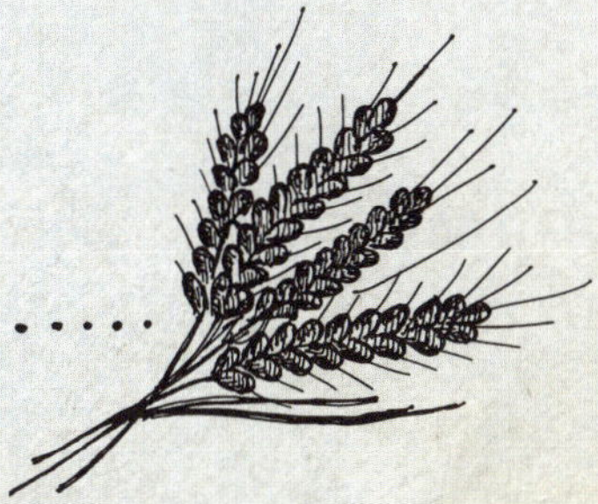

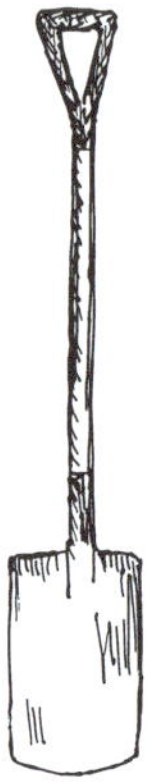

Wenn ich morgens die Jalousien in meinem Schlafzimmer hochziehe, werde ich von einem Ausblick begrüßt, der mich immer wieder aufs Neue fasziniert.

Schon seit drei Jahren wache ich jeden Morgen hier im alten Pfarrhof von Skrea Backe auf und der Himmel hat noch nicht ein einziges Mal gleich ausgesehen! Das ist einer der vielen Gründe, warum ich das Landleben so liebe. Draußen auf dem Lande umgeben von Äckern und Höfen zu leben fühlt sich irgendwie an, als lebte man wohl mittendrin in der Welt, aber auch mittendrin in der reichen Ernte, die die Jahreszeiten hervorbringen. Ich kann praktisch von meinem Schlafzimmerfenster aus überblicken, welches Obst und Gemüse ich heute für die Mahlzeiten verwenden kann. Ist es Zeit für die Kartoffel-, Weizen- oder Maisernte? Die Singvögel sind schon auf dem Weg nach Süden und die Lämmer sind übers Jahr ordentlich gewachsen – ist bald Schlachtzeit? Die Kastanien schlagen aus, da müssen wir schleunigst den Nesseln zu Leibe rücken, und die Hühner können auch wieder zurück in das Hühnerhaus, nachdem sie den Winter in Nachbars isoliertem Hühnerstall verbracht haben.

Ja, so vergeht das Jahr wie im Fluge und irgendwie wird es nie langweilig. Es ist seltsam, aber ich fühle mich in gewisser Weise viel mehr als Weltbürgerin, wenn ich in Gummistiefeln und mit ungekämmten Haaren die Erdbeerbeete jäte, als wenn ich mir die Luft von Brooklyn, Tokio oder Paris um die Nase wehen lasse. Eigentlich sind das ja beides meine Welten, aber am allermeisten gehöre ich inzwischen doch nach Skrea Backe, den für mich schönsten Ort der Welt!

Als ich klein war, träumte ich davon, Bäuerin zu werden. Mondscheinbäuerin, um ganz genau zu sein. Beinahe jeden freien Morgen sprang ich auf mein metallic rotes Skeppshult-Fahrrad und radelte zu einem ein paar Kilometer entfernten Bauernhof. Dort half ich, den Kuhstall auszumisten, fütterte die Schweine, schleppte Heu zu den Pferden und sammelte die Eier aus den Hühnernestern. Und hinterher gab es Semmeln und Saft in Ullas Küche. Ich liebte dieses Leben – zumindest bis

ich Teenager wurde, und meine Tierliebe der Liebe für eine andere Sorte von Lebewesen weichen musste ...

Später handelten meine Träume mehr von geharkten Kieswegen, hausgeräucherten Würsten, Traktoren, Hühnern und einem Haublock zum Holzhacken. Und davon, so weit wie möglich Selbstversorger zu sein.

Vor ungefähr vier Jahren lebte ich mit Mann, Hund und dem Traum vom eigenen Bauernhof in einem gemütlichen kleinen Häuschen in der Altstadt von Falkenberg. Und nach einigem Hin und Her – Kann ich das überhaupt? Traue ich mich das? – bin ich jetzt Mutter/Hipsterbäuerin/Möchtegern-Wirtin und Traumverwirklicherin.

Ja, so sollte es eigentlich auf meiner Visitenkarte zu lesen sein! Oder vielleicht besser noch „Professionelle Ehegatten-Überrederin". Mein Mann, der nie ein Haustier besaß, bevor er mich traf, hat nun einen Hund, eine Katze, fünf Hühner, zwei Hähne, eine Ente und vier Schafe.

Zu Anfang waren wir vollauf damit beschäftigt, uns darüber klar zu werden, auf was wir uns da eigentlich eingelassen hatten. Doch dann kam ein Zufall zum anderen und unser neues Leben entwickelte sich auf einmal rasend schnell weiter. Beispielsweise, indem wir in einem Stallgebäude, das ich ursprünglich zu einem Kochstudio ausbauen wollte, einen Steinofen entdeckten. Nach ein paar Jahren hatte sich der Steinofen zu einer verrückten Wochenend-Pizzeria gemausert, von der Sie später mehr lesen werden. Und da der Großteil unseres Grundstücks von Giersch und Nesseln überwuchert war, hatten wir auf einmal Schafe und Lämmer, um der Unkrautplage Herr zu werden! Und mitten in dieser Wildnis entdeckten wir noch eine alte Laube, die wie geschaffen war für ein kleines Hühnerhaus. Schon bald zog das Federvieh dort ein.

PROSTEN
Ugglarps grönt
Gudmundsgården
Slöinge
kafferosteri
Solhaga
Stenugnsbageri
Glommens
fisk
mejeri

Natürlich musste auch den rücksichtslosen Mördernacktschnecken der Garaus gemacht werden – und zack! kam der Gatte mit einer Moschusente unter dem Arm nach Hause.

Unser 115 Jahre altes Haus befindet sich in unmittelbarer Nachbarschaft zu einem Bauernhof – und ist daher ein wahres Mäuseparadies! Sie verstehen schon, nicht wahr? Da waren wir Hundemenschen praktisch gezwungen, uns eine Katze anzuschaffen. Und wir lieben sie inzwischen heiß und innig.

Alles ging irgendwie Schlag auf Schlag, doch auch auf eine sehr natürliche Art und Weise. Und auf einmal wachten wir auf, sahen uns um und stellten fest, dass wir stolze Besitzer eines Minizoos sind! Hinzu kommen ein eigener kleiner Obst- und Gemüsegarten, ein Ökobauer auf der einen Seite, ein Weinbauer auf der anderen, und überhaupt gleichgesinnte und anregende Nachbarn rundherum – und auf einmal wurde mir klar: Jetzt bin ich dem alten Traum von der Mondscheinbäuerin doch ziemlich nahe gekommen. Kurz und gut: Ich bin endlich zu Hause!

Aber es gibt trotzdem diese Momente – wenn etwa der Hund mal wieder die Katze jagt, ein Schaf abgehauen ist und Prosten, unsere Ente, auf dem Esstisch steht und an der Tischdekoration knabbert, während die kleine Tochter sämtliche Mohrrüben im Garten „geerntet" hat, und wir ausgerechnet an diesem Tag Pizzeriagäste und Journalisten erwarten – dann kann einem schon ziemlich der Kopf schwirren von dem ganzen Zirkus!

Doch das ist ein weiterer Grund, warum ich das Landleben liebe: Hier läuft nichts wie geplant und zwischen Haus, Ställen und Garten ist kein Tag wie

der andere und immer wieder lasse ich Töpfe anbrennen, während ich versuche, all die hundert Sachen gleichzeitig zu machen, die jeden Tag anfallen. Aber es ist ein Leben, dass ich mir selbst ausgesucht habe und das ich zum allergrößten Teil selbst bestimmen kann. Und genau das ist es, das mich und die vielen anderen Träumer hier so angezogen hat.

Weiter hinten im Buch werden Sie Näheres dazu erfahren, warum genau dieses Leben hier so herrlich ist und warum ich mich an einem schönen Augusttag vor ein paar Jahren in dieses kleine Dorf verliebt habe. Doch zuerst möchte ich versuchen, zu erklären, wieso es überhaupt zu diesem Buch kam und warum Sie unbedingt weiter lesen sollten.

Dies hier ist ein Kochbuch für all diejenigen, die einmal davon geträumt haben, Traktor zu fahren. Für all die, denen die fünf Lauchstangen aus dem eigenen Gemüsebeet unvergleichlich viel mehr wert sind als ein Kilo Lauch aus dem Supermarkt. Für all diejenigen, die sich immer mal wieder fragen, was eigentlich zuerst da war – das Huhn oder das Ei? Für die, die stets auf der Jagd sind nach ein paar soliden Grundrezepten (zum Beispiel die weltbeste Vanillesauce auf Seite 150, Brownies, die alle anderen Brownies in den Schatten stellen auf Seite 160, die beste Gewürzmischung zum Grillen auf Seite 96, das saftigste Frühstücksbrot auf Seite 182, der beste Aperitif auf Seite 123 und Coq au Vin auf Seite 24), die jedoch außerdem wissen wollen, wie man eigentlich ein Huhn schlachtet, Schinkenspeck selber macht und wie das mit dem Honig eigentlich funktioniert. Kurz gesagt, ein Kochbuch, mitten aus meinem Leben gegriffen. Dies sind die Gerichte, die ich selber zubereite und dies ist das Leben, das ich selber lebe.

„Ein Kochbuch, direkt aus dem Leben entstanden. Dies sind die Gerichte, die ich selber zubereite und dies ist das Leben, das ich selber lebe."

Der Hühnerstall

Es gibt mehrere Gründe dafür, dass ich Hühner habe. Einerseits sorgen sie für eine wunderbar heimelige Atmosphäre, ähnlich wie eine schnurrende Katze auf dem Sofa. Und zum anderen wollten wir gern, dass unsere Tochter Lilly versteht, woher unser Essen eigentlich kommt. Und Lilly hat es erfasst: „Die Eier kommen aus dem Hühnerpopo."

Hühner helfen mit ihrem fortwährenden Picken und Kratzen dabei, den Garten von Ungeziefer freizuhalten (von dem wunderbaren Hühnerdünger ganz zu schweigen!) und sie vertilgen auch einige Essensreste. Doch vor allem beliefern sie uns mit leckeren Eiern.

WAS BRAUCHT MAN?

Hühner im Garten zu halten, ist unglaublich einfach. Natürlich ist es am einfachsten, wenn Sie dafür in einer Gegend wohnen, wo Sie nicht auf die Vorschriften der Kommunalplanung und die Vorlieben und die Abneigungen der Nachbarn Rücksicht nehmen müssen.

Obwohl Hühner und Küken recht unkompliziert in der Haltung sind, machen sie doch trotzdem ein klein wenig Arbeit. Sie brauchen täglich Futter und frisches Wasser und auch wenn sie tagsüber draußen im Garten frei herumlaufen, müssen sie abends doch unter Dach und Fach. Im Hühnerstall sind sie nämlich vor nachts wildernden Raubtieren wie Füchsen oder Mardern sicher. Sie müssen stets freien Zugang zu Futter, zerkleinerten Schneckengehäusen und reichlich Sand für „Sandbäder" haben. Ich selber gebe ihnen organisches Vollkornfutter. Es gibt verschiedene Sorten zur Auswahl und sie enthalten alle lebenswichtigen Vitamine und Mineralstoffe, die das Federvieh für ein optimales Wachstum benötigt. Fragen Sie doch mal beim Nachbarn nach, wenn dieser Getreide anbaut. Noch besser, wenn Sie eine Vollkornmühle in der Nähe haben!

Wenn die Hühner in einer Voliere gehalten werden, muss man ihnen Grasschnitt und dergleichen geben, damit sie darin herumscharren können. Und denken Sie an Sitzbalken in verschiedenen Höhen, im Hühnerhaus und auch draußen im Freien. Den Boden des Hühnerhauses bestreue ich mit Sägespänen, das ist weich und gemütlich für die Vögel und eine sehr pflegeleichte Lösung. Sie brauchen auch ein paar Heunester oben im Hühnerstall, gern etwas abgeschirmt, damit sie dort Eier legen und bebrüten können. Eine Klappe über dem Nest ist praktisch, damit man die Eier entnehmen kann. Reichlich frisches Wasser ist wichtig, in der Voliere wie im Hühnerstall. Hühner fressen und trinken mehr, als man denkt! Gut genährte Hühner können eine lange Zeit täglich ein Ei legen.

„Hühner sind einfach Klasse. Die optimalen Mikroselbstversorger, denn sie legen Eier und man kann sie selbst auch essen."

Lisas Lieblings-Hühnerrassen

Schwedische Isbar, Skånsk Blomme, Lohmann Brown, Zwerg-Cochin, Sussex
Deutsche Hühnerrassen, die vom Aussterben bedroht sind:
Augsburger Huhn, Bergische Kräher, Bergische Schlotterkämme,
Deutsche Langschan und Deutsche Sperber, Seidenhuhn

HÜHNER SCHLACHTEN UND AUSNEHMEN

Ich habe meine Hühner wirklich lieb, aber ich finde auch, dass sie sehr gut schmecken. Ein im Ganzen gegrilltes Hähnchen, gebackene Hähnchenschenkel oder als Crispy Fried Chicken ... Lecker! Aber wenn bei uns Huhn auf den Tisch kommt, muss nun mal leider eine meiner Junghennen oder ein Hähnchen dran glauben.

Ich mag Hähnchen unglaublich gern. Und nach „Murphy's Gesetz" befinden sich unter den Küken meist mehr Hähne als Hennen, da kann man machen, was man will! Es ist ganz normal, dass man auf einmal mit weit mehr Hähnen als Hennen dasteht. Aber ein Hahnenüberschuss in einem Hühnerstall … keine gute Idee. Ein Hahn sorgt für Schutz und Ruhe in seiner Hühnerschar – und er vergrößert sie auch, wenn die Hennen brüten dürfen. Doch wenn man beispielsweise nur vier Hühner hat, braucht man nur einen Hahn. Jeder Hahn braucht sein eigenes Revier, und man sollte daher bei mehreren Hähnen schon entsprechenden Auslauf haben, sonst führt das zu Kämpfen.

Junghähne sind mit rund drei Kilo Lebendgewicht schlachtfertig. Dann hat das Fleisch einen herrlichen, runden Geschmack voller Charakter. Doch man kann natürlich auch größere Hühner essen. Man muss sie dann allerdings etwas länger kochen.

Ich finde ja, dass es diesen Tieren gegenüber ungeheuer respektlos ist, dass wir in der Regel weniger Hühner essen. Wir lieben Eier und essen davon mehr denn je, aber was geschieht mit den Legehennen, wenn sie nicht mehr legen können? Sie enden jedenfalls nicht sehr oft im Topf. Das ist sehr schade, denn ihr Fleisch ist sehr schmackhaft und man kann daraus in jedem Fall eine feine Brühe kochen.

Wenn man selbst Tiere hält, muss man oft auch über deren Leben bestimmen – das ist die Schattenseite der Nutztierhaltung. Wenn es dann aber soweit ist, sollte man sie auch selbst töten können. Wenn ein Tier zum Beispiel krank ist oder leidet, muss man es schnell töten können. Es ist die Pflicht und Schuldigkeit eines jeden Tierfreunds, sich die geeigneten Kenntnisse und die richtige Ausrüstung dafür zuzulegen. Als wir unsere Hühner anschafften, fand unser Hund Stilton das alles ein wenig allzu aufregend, und ehe wir uns versahen, lag ein schwer verletztes Küken vor uns. Es war für mich eine ganz natürliche Reaktion, das Tier sofort zum Haublock zu tragen und seinem Leiden mit der Axt ein schnelles Ende zu bereiten. In so einem Moment ist Zimperlichkeit fehl am Platze. Wenn man damit nicht umgehen kann, sollte man sich keine Tiere anschaffen.

Hühner köpfen

Ein Huhn mit der Axt zu köpfen klingt viel barbarischer, als es in Wirklichkeit ist. Wenn man ein gutes Verhältnis zu seinen Tieren aufgebaut hat, erleichtert das die ganze Angelegenheit beträchtlich, denn dann kann man sie einfach einfangen, ohne hinter ihnen herjagen zu müssen.

Halten Sie den Vogel mit festem Griff an den Flügeln fest und versetzen ihm einen harten Schlag auf den Hinterkopf, entweder mit einer Art Keule oder, indem sie den Vogel mit dem Hinterkopf auf einen Stein schlagen. Wenn Sie das schnell und entschlossen machen, leidet das Tier dabei nicht, denn es wird sofort bewusstlos. Dann legen Sie den Kopf zwischen zwei Nägel, die zu diesem Zweck mit 2–3 cm Abstand zueinander in ein Brett geschlagen wurden. Ziehen Sie den Körper ein Stück zurück, sodass er fest zwischen den Nägeln sitzt und schlagen ihn dann mit einer scharfen Axt ab. Halten Sie das Huhn dabei gut fest, bis es aufgehört hat zu zucken und ausgeblutet ist.

Abbrühen und Rupfen

Zum Abbrühen Wasser in einem großen Topf auf 60 °C erwärmen. Dann den Vogel kurz hineintauchen – gerne mehrmals, damit das heiße Wasser gut zwischen die Federn eindringen kann. Durch das Abbrühen lassen sich die Federn leichter aus der Haut lösen. Lassen Sie das Huhn jedoch nicht zu lange im Wasser, denn dadurch wird die Haut porös und reißt beim Rupfen leicht ein. Am besten „schabt" man die Federn mit einem Holzlöffel vom Körper. Den letzten verbliebenen Federflaum kann man entweder mit einem Gasbrenner abflämmen oder mit einer Pinzette herausziehen.

Ausnehmen

Lösen Sie vorsichtig den Kropf (den vordersten Magen des Huhns) aus dem Halsstumpf. Er ähnelt einem kleinen Beutel und sitzt rechts von der Speiseröhre. Legen Sie dann das Huhn auf den Rücken und machen einen kleinen Schnitt in den After – gerade groß genug, dass Sie mit den Fingern hineinfassen können, um die Eingeweide vorsichtig herauszuziehen. Eventuell müssen Sie dabei mit dem Messer ein wenig nachhelfen, um die Eingeweide innen von der Bauchhöhle zu lösen, aber achten Sie darauf, nicht die Galle (eine kleine grüne Blase) zu beschädigen. Sollte das doch geschehen, oder sollte sich irgendeine andere Flüssigkeit in der Bauchhöhle verbreiten, muss das Huhn sehr, sehr gründlich mit Wasser ausgespült werden.

Wenn es sich um eine Legehenne handelt, befindet sich unter den Eingeweiden auch der Eileiter. Darauf sitzen die Eier wie an einer Kette aufgereiht, angefangen von winzig klein bis hin zu vollentwickelten Eiern. Manche dieser Eier kann man wie gewohnt verwenden. Die kleineren bestehen überwiegend aus Dottern – wunderbar für Saucen oder Eierstich.

Wenn alle Eingeweide entfernt sind, das restliche Gewebe in Richtung der Rippen mit den Fingern mit festem, aber nicht allzu festem Druck herausschaben. Dann wird der ganze Vogel gut unter fließendem Wasser abgespült und entweder in kleinere Stücke zerteilt oder im Ganzen weiterverarbeitet. Ich selber ziehe es vor, ein Huhn im Ganzen zu verarbeiten, es bleibt dabei saftiger. Man kann das Fleisch auch gut einfrieren.

SANDWICH MIT EI, AVOCADO UND SRIRACHA-SAUCE

Das Beste an diesem Sandwich ist, dass man die Zutaten meist ohnehin im Haus hat. Sriracha ist eine geradezu süchtig machende gute scharfe Chilisauce aus Thailand. Bei mir darf sie im Küchenschrank nie fehlen.

4 Portionen
20 Minuten

4 Scheiben helles Sauerteigbrot
Butter zum Braten
4 Eier
Salz und frisch gemahlener schwarzer Pfeffer
2 reife Avocados
Sriracha-Sauce nach Geschmack
100 ml geröstete Zwiebeln
½ Bund frischer Koriander (Cilantro)

1) Die Brotscheiben in der Butter von beiden Seiten goldbraun rösten. Dann 4 Spiegeleier braten. Salzen und pfeffern.

2) Die Avocados halbieren und entkernen und das Fleisch in dünne Scheiben schneiden. Die Brotscheiben mit Avocado-Scheiben belegen, je ein Spiegelei und nach Geschmack geröstete Zwiebeln und Chilisauce darüber geben. Mit frisch gehacktem Koriander bestreuen und noch heiß servieren.

JULIA CHILDS COQ AU VIN

4 Portionen
Ca. 2 Stunden

Denn dies ist nun einmal das allerbeste Rezept!

125 g Schinkenspeck
1 ½ -2 kg Hühnchen in Stücken, mit Haut und Knochen
Salz und Pfeffer
12-14 kleine Zwiebeln
1 Selleriestange, fein gehackt
3 Mohrrüben, fein gehackt
3 Knoblauchzehen, fein gehackt
Butter zum Braten
150 ml Cognac
1 Flasche junger, vollmundiger Rotwein
1 ½ EL Tomatenmark
4-5 Thymianzweige
1 Lorbeerblatt
3-400 ml kräftige Hühnerbrühe
3-400 ml Rinderbrühe
225 g kleine Champignons
25 g Butter
2 EL Mehl

1) Den Schinkenspeck in kleine Würfel schneiden und in einem großen Topf in der Butter anbraten. Das Hähnchenfleisch darin von beiden Seiten bräunen und mit Salz und Pfeffer würzen. Das Fleisch herausnehmen und beiseite stellen. Die Zwiebeln zusammen mit Sellerie, Mohrrüben und Knoblauch in der Butter braun dünsten. Das Fleisch wieder in den Topf geben, den Deckel auflegen und ca. 10 Minuten auf schwacher Hitze schmoren lassen. Den Deckel abnehmen und den Cognac zugeben (lassen Sie dabei den Dunstabzug ausgeschaltet!) Den Topf einmal gut rütteln und dann den Cognac mit einem Streichholz anzünden. Den Topf so lange rütteln, bis die Flammen von selbst erlöschen. Den Wein zugießen und zum Kochen bringen. Tomatenmark, Thymian und Lorbeerblatt zugeben und mit Salz und Pfeffer abschmecken. Die Brühe zugießen, bis das Fleisch gerade bedeckt ist, den Deckel auflegen und das Fleisch langsam kochen (ca. 1- 1 ½ Stunden), bis es sehr zart ist.

2) Inzwischen die Pilze je nach Größe halbieren oder vierteln und in einer trockenen, heißen Pfanne kurz anbraten. Dann die Butter dazu geben und die Pilze goldbraun braten.

3) Das Fleisch herausnehmen und beiseite stellen. Die Flüssigkeit im Topf ohne Deckel auf ca. 500 ml einkochen. Butter und Mehl vermengen und mit einem Schneebesen in die heiße Sauce rühren. Ein paar Minuten unter ständigem Rühren nochmals aufkochen. Dann das Fleisch und die Pilze in die Sauce geben und servieren. Dazu schmecken grüne Bohnen und Kartoffelmus.

EI, EI, EI!

Wenn man Legehennen hat, gibt es immer etwas zu essen. Eier sind ungemein vielseitig: Zum Frühstück, im Kuchen, zum Mittagessen oder als Imbiss zwischendurch in einem leckeren Sandwich. Eier sind ein wahrer Lebensretter. Und eigene Hühner sind einfach eine Superidee, finde ich.

Einer der schönsten Momente des Tages ist für mich die frühe Morgenstunde, wenn die Familie hoffentlich noch schläft und ich mich mit Hund und Katze im Schlepptau und einem Becher Kaffee in der Hand auf den morgendlichen Rundgang durch unser Anwesen begebe. Ich schaue bei unserer Ente vorbei, kraule die Schafe hinter den Ohren, obwohl diese eigentlich nur ihr Fressen im Kopf haben, und dann gehe ich zum Stall, um die Hühner zu wecken. Ich schütte neues Futter zu, öffne die Hühnerklappe und schaue nach, ob es frische Eier gibt. Und natürlich gibt es welche! In diesen kostbaren Minuten im Morgengrauen fühle ich mich wie der reichste Mensch auf Erden. Zwei Eier – und ich habe das große Los gezogen! Hühnerdreck auf dem Rasen und das ständige Ausschauhalten nach Füchsen? Kleine Fische! Hühner sind einfach Oberklasse, und ich verstehe gar nicht, wieso mir das jetzt erst klargeworden ist.

SUPER-EI

Manche Nahrungsmittel sind so proppenvoll mit wichtigen Nährstoffen und Vitaminen, dass man sie gern als „Superfood" bezeichnet. Ich stelle mir dabei immer einen Superhelden mit wehendem Umhang in der Küche vor. Kuhmilch ist so ein Superfood. Und Eier. Sie enthalten alle Nährstoffe, die wir Menschen brauchen – mit Ausnahme von Vitamin C. Und sie haben nur sehr wenige Kohlehydrate. Ein normalgroßes Ei versorgt uns mit dem täglichen Bedarf an Selen, Vitamin E und B12. Ein Ei enthält 12,3 Prozent Protein und weniger Fett als ein Glas Vollmilch. Was hab ich gesagt? Ein Superheld!

FRISCHE EIER

Eier halten sich sehr lange frisch. Richtig gelagert, also im Kühlschrank und mit der Spitze nach unten halten sie mindestens 2 Monate lang.

Sind Sie sich nicht ganz sicher, wie alt ihr Ei ist? Dann schlagen Sie es in eine kleine Schale und nehmen es in Augenschein. Es soll frisch riechen, mit rundem, gut zusammenhaltendem Dotter, das Eiweiß soll eng darum herum liegen. Nur der äußere Rand darf etwas dünnflüssiger sein. Eine andere Methode ist es, das ganze Ei in ein Glas Wasser zu legen: Ganz frische Eier sinken zu Boden, nach 1–2 Wochen beginnen sie, sich aufzurichten. Richtig alte Eier stehen ganz senkrecht und treiben langsam an die Oberfläche.

Hartgekochte Eier sind ideal für unterwegs. Sie halten sich bei Zimmertemperatur ca. 24 Stunden und im Kühlschrank bis zu einer Woche.

SPARST DU IN DER ZEIT...

Wenn man für ein Rezept nur Eigelb oder Eiweiß braucht, kann man den Rest in einem luftdicht verschließbaren Gefäß etwa 4–5 Tage im Kühlschrank lagern. Eiweiß braucht man beispielsweise für Baisers, Sorbets, manche Keksrezepte und dotterfreies Rührei. Ein Eiweiß mit einem gestrichenen Esslöffel Sahne verquirlt ist prima zum Einpinseln von Wecken und zum Reparieren von Pie-Böden, die beim Vorbacken eingerissen sind. Einfach den frischgebackenen

Boden mit der Mischung einpinseln und noch einen Augenblick in den Ofen zurückstellen, dann schließen sich die Risse wieder. Eidotter braucht man für Tiramisu, Sauce Hollandaise oder Bearnaise, Schokoladenmousse, Gebäck aller Art, Eiergrog, Proteindrinks, ofengebackenes Kartoffelmus und nicht zuletzt auch für Eiscreme! Eier sind ungeheuer vielseitig. Sparst du in der Zeit, so hast du in der Not!

EIER SCHÄLEN

Ganz frische hartgekochte Eier lassen sich meist sehr schwer pellen, denn die verschiedenen Schichten im Inneren des Eis sind noch zu eng miteinander verbunden.
Es empfiehlt sich grundsätzlich, die Eier unmittelbar nach dem Kochen unter fließend kaltem Wasser abzuschrecken. Zum Hartkochen sollten Eier jedoch möglichst eine Woche alt sein. Um herauszufinden, wie alt ein Ei aus dem Lebensmittelgeschäft ist, rechnet man vom auf der Verpackung angegebenen Mindesthaltbarkeitsdatum 28 Tage zurück.

DAS EI DES KOLUMBUS

Wenn Sie mich fragen, schmecken pochierte Eier am allerallerbesten. Ein perfekt gestocktes Eiweiß rund um ein herrlich cremiges Dotter – einfach herrlich!. Für das Pochieren braucht man allerdings ein wenig Übung, Geduld und Frustrationstoleranz. Und obwohl ich eine leidenschaftliche Fürsprecherin der einfachen Küche bin, muss ich doch zugeben, dass manche etwas komplizierteren Gerichte eben auch danach schmecken, als hätte man sie mit etwas mehr … Liebe und Hingabe zubereitet. Genauso, wie selbst gebackene Pfannkuchen irgendwie doch am besten schmecken, trotz des Aufwands – wer schon einmal einen Riesenstapel Pfannkuchen gebacken hat, versteht wahrscheinlich gut, was ich meine!

Doch ich schweife ab. Das Geheimnis guter pochierter Eier liegt eigentlich vor allem darin, wie man mit kalten, frischen Eiern umgeht. Hier sind meine Tipps:

1 Liter Wasser mit 1 Esslöffel Essigessenz und 2 Teelöffeln Salz zum Kochen bringen. Den Topf vom Herd nehmen, wenn das Wasser noch sprudelt. Dann 1 Ei in eine mit Essigessenz ausgeschwenkte Tasse schlagen (damit es nicht darin hängen bleibt). Das Ei in den Topf gleiten lassen und 3 Minuten pochieren. Dann mit einer Schaumkelle herausheben und auf einen flachen Teller geben.

Und wo wir gerade dabei sind: Zu einem ordentlichen pochierten Ei gehört natürlich eine herrliche, cremige Sauce Hollandaise oder eine weiße Buttersauce!

Pochierte Eier, wie ich sie mag:
- *Trüffelrisotto mit pochiertem Ei und geriebenem Parmesan*
- *Eier Benedict: Pochierte Eier auf hellem, gebuttertem Röstbrot mit knusprigem Bacon oder Räucherlachs, dazu Sauce Hollandaise.*

DAS WELTBESTE FRIED CHICKEN-REZEPT

4 Portionen
Ca. 30 Minuten + 3 Stunden im Kühlschrank

1 kg Hühnerfleisch mit Haut und Knochen
400 ml Dickmilch
400 ml Reismehl
2 EL grobes Meersalz und grob gemahlener schwarzer Pfeffer
1 EL Zwiebelpulver
1 EL gemahlener Koriander
1 EL gemahlener Kreuzkümmel
1 Eiweiß
Ca. 2 Liter Öl zum Frittieren

Zum Servieren:
100 ml Hoisinsauce
100 ml süße Chilisauce
Grob gehackter frischer Koriander

1) Das Fleisch mit der Hälfte der Dickmilch in eine verschließbare Plastiktüte geben und diese zum Marinieren mindestens 3 Stunden lang in den Kühlschrank legen, am besten über Nacht (oder am Morgen für einen Grillabend vorbereiten). Das Fleisch danach leicht abtropfen lassen.

2) Das Fleisch etwa 15–20 Minuten lang in Salzwasser gar kochen. Wenn Sie diesen Arbeitsschritt im Vorwege machen, muss das Fleisch früh genug aus dem Kühlschrank genommen bzw. vorsichtig aufgewärmt werden, damit es zum Frittieren Zimmertemperatur hat.

3) Hoisin- und Chilisauce verrühren.

4) Das Frittierfett in einem großen Topf auf 170–180 °C erhitzen. (Schalten Sie die Dunstabzugshaube aus und halten den Topfdeckel bereit, falls das Fett Feuer fängt. In diesem Fall sofort den Herd ausschalten und den Deckel auflegen!) Wenn Sie kein Küchenthermometer haben, prüfen Sie die Temperatur mit einem kleinen Stück Weißbrot. Wenn dies innerhalb von 30 Sekunden goldbraun wird, ist das Fett heiß genug.

5) Reismehl, Salz, Pfeffer, Zwiebelpulver, Koriander und Kreuzkümmel mischen. Das Eiweiß steif schlagen und unter die restliche Dickmilch heben. Das Fleisch zuerst darin und dann in der Gewürzmischung wenden, bis es damit ganz bedeckt ist.

6) Je 4–5 Fleischstücke zusammen goldbraun frittieren, dann auf Küchenpapier abtropfen lassen. Sofort servieren und zum Essen zuerst in die Sauce, dann nach Geschmack in den frischen Koriander dippen. Unglaublich lecker!

MONGOLISCHE EIER

4 Portionen
Ca. 30 Minuten

Rhabarberkompott
425 g geputzter Rhabarber
150 g Zucker
50 ml frischer Orangensaft

4 dicke Scheiben Weißbrot vom Vortag
Butter zum Braten
4 große Eier

Zum Servieren
12 Scheiben knusprig gebratener Bacon

1) Den Rhabarber grob hacken und mit dem Zucker in einen Topf geben, den Deckel auflegen und auf mittlerer Kochtemperatur gar ziehen lassen. Dabei gelegentlich umrühren. Wenn der Rhabarber ein wenig trocken ist, ein paar Esslöffel Flüssigkeit zusetzen. Wir nehmen Orangensaft, aber Wasser geht natürlich auch.

2) In jede Brotscheibe ein ca. 4 cm großes Loch stechen, das restliche Brot nicht wegwerfen, sondern trocknen und zu Semmelmehl verarbeiten. Die Butter in einer großen Pfanne erhitzen und die Brotscheiben hinein legen.

3) Je ein Ei in das Loch in den Brotscheiben schlagen und das Brot auf beiden Seiten goldbraun braten. Das Eigelb soll in der Mitte noch etwas flüssig sein – je heißer die Pfanne, desto kürzer die Bratzeit! Mit Rhabarberkompott und knusprigem Speck servieren.

Ich liebe dieses Gericht, seit ich Cher in dem Film „Mondsüchtig" dabei zugeschaut habe, wie sie es in einer rustikalen Küche im Brooklyn der 1980er Jahre zum Frühstück zubereitet hat! Es ist mein Wohlfühlgericht, ein Rezept, auf das ich immer wieder zurückgreife, wenn mir nichts mehr einfällt oder wenn ich einfach irgendwie Trost brauche.

Als ich mit Lilly schwanger war, mussten es immer wieder Mongolische Eier sein – oder das allerstärkste Thai-Curry. Als Studentin stärkte mich das Gericht beim Büffeln für die Klausuren. Die Kombination von Eiern, Brot und Butter ist fantastisch in allen ihren Formen und zusammen mit Rhabarberkompott und knusprigem Speck ist sie einfach unschlagbar, wenn Sie mich fragen.

CAPRESE-OMELETT MIT PASTA

Bei Omeletts verwende ich je nach Lust und Laune zwei unterschiedliche Techniken – entweder eine dicke Variante, die an eine Tortilla oder Frittata erinnert oder ein dünnes Omelett, das einmal gewendet und dann mit verschiedenen leckeren Sachen gefüllt wird. Rechts steht eine Anleitung für die dünne Version mit verschiedenen Vorschlägen für die Füllung.

4 Portionen
Ca. 30 Minuten

8 Eier
125 ml Sahne, Milch oder Wasser
Salz und schwarzer Pfeffer
1 rote Zwiebel
2 Knoblauchzehen
½ entkernte Chilischote nach Geschmack
½ Zucchini
300 g Kirschtomaten
300 ml gekochte Pasta, z. B. Penne, Fusilli oder Farfalle
200 g Mozzarella
½ Bund Basilikum, fein gehackt
Olivenöl zum Braten

1) Eier und Flüssigkeit verquirlen, salzen und pfeffern. Die Zwiebel in Ringe schneiden, den Knoblauch fein hacken und die Zucchini in dünne Scheiben schneiden.

2) Zwiebel und Tomaten in dem heißen Olivenöl dünsten, bis die Zwiebel leicht gebräunt ist. Knoblauch und Chili zugeben und noch ein paar Minuten weiter dünsten.

3) Die Temperatur herunterschalten, die Eimischung in die Pfanne gießen und die Pasta und den in kleinere Stücke geschnittenen Mozzarella darüber verteilen. Gelegentlich vorsichtig umrühren, bis das Omelett zu stocken beginnt. Achten Sie drauf, dass das Omelett nicht zu trocken wird, es soll innen noch recht saftig sein.

4) Das fertige Omelett mit dem gehackten Basilikum bestreuen und aus der Pfanne servieren. Dazu schmeckt ein knackiger Salat.

Leckere Omelettfüllungen:
- Gebratene Pilze mit frisch gehackter Petersilie
- Geriebener Käse
- Mozzarella und Tomaten, im Ofen gebacken
- Bolognese-Sauce mit frischen Kräutern
- Geröstete Paprika mit herzhafter Salami

EIN ANSTÄNDIGES OMELETT ZUBEREITEN

Es geht nichts über ein perfektes, gefülltes Omelett zum Frühstück oder als schnelles Mittagessen. Ich verwende dafür ein Grundrezept aus 1 Esslöffel Milch und 1 Prise Salz pro verwendetes Ei.

1) Alle Zutaten leicht miteinander verquirlen. Rapsöl oder Butter in der Pfanne auf mittlere Temperatur erhitzen. Die Pfanne schwenken, damit sich das Fett gleichmäßig über den Boden verteilt. Die Eimischung hineingeben und mit einer Gabel umrühren. Die Pfanne gelegentlich rütteln, damit das Omelett nicht am Boden haftet, und die Ränder vorsichtig lösen, sobald sie beginnen festzukleben.

2) Der Boden des Omeletts soll fest werden, das Innere jedoch noch weich sein. Je nach Größe des Omeletts und der Art der Kochstelle dauert das 5–8 Minuten. Die Pfanne darf dafür nicht zu heiß sein, denn das Omelett soll langsam garen, damit es innen cremig und außen nicht zu braun wird.

3) Das fertige Omelett vorsichtig mit einem Kochspachtel vom Rand lösen und, wenn nötig, damit auch den Boden lösen. Wenn Sie sicher sind, dass es sich ganz von der Pfanne gelöst hat, diese vom Herd nehmen und mit Schwung vom Körper wegstoßen, damit die vordere Hälfte des Omeletts vorn aus der Pfanne rutscht. Fangen Sie diese mit dem Spachtel oder einem Teller auf und klappen sie zügig über die in der Pfanne verbliebene Hälfte.

4) Vor dem Zusammenklappen kann man die in der Pfanne befindliche Hälfte des Omeletts mit allerhand leckeren Dingen füllen. Links sehen Sie eine Liste meiner Lieblingszutaten.

LECKERE RÜHREI-VARIANTEN

Grundrezept für 4 Portionen

8 Eier
125 ml Sahne
3 EL Butter
Salz

Eier und Sahne mit der Gabel verrühren. Mit Butter und Salz in eine Kasserolle geben und auf schwacher Hitze unter Rühren stocken lassen. Nicht zu fest werden lassen! Mit einem leckeren Topping servieren.

MIT PILZEN UND PETERSILIE

200 g Pilze, z. B. Austernseitling, in dünnen Scheiben
Ca. 25 g Butter zum Braten
Salz und frisch gemahlener schwarzer Pfeffer
Fein gehackte Petersilie nach Geschmack
Fein geriebener Meerrettich

Pilze in Butter goldbraun braten. Salzen und pfeffern und mit Petersilie schwenken, auf des Rührei geben und mit etwas geriebenem Meerrettich bestreut servieren.

MIT GERÄUCHERTER SAHNE

100 ml geräucherte Sahne (siehe unten)
200 ml fein geriebenen Hartkäse, z. B. Pecorino
Frisch gemahlener schwarzer Pfeffer

Geräucherte Sahne: Die Sahne in eine hitzebeständige Schüssel geben. Den Boden eines Topfs mit Aluminiumfolie bedecken und ein paar Räucherspäne darauf geben. Deckel auflegen und auf mittlerer Kochtemperatur erwärmen, bis die Späne stark zu duften beginnen. Den Topf vom Herd nehmen, die Schale mit der Sahne für 5 Minuten in den Topf stellen und den Deckel auflegen. Fertig!
Die Sahne über das Rührei geben, mit geriebenem Käse bestreuen und schwarzen Pfeffer darüber mahlen.

MIT RÄUCHERLACHS, KRESSE UND ZITRONE

4 Scheiben Räucherlachs
Frisch gemahlener schwarzer Pfeffer
½ Schale Kresse
Abgeriebene Schale von 1 Zitrone

In feine Streifen geschnittenen Lachs auf das Rührei geben, pfeffern und mit der Kresse und der Zitronenschale bestreut servieren.

Pilze und Petersilie

Mit geräuchter Sahne

Pochierte Eier mit gedünsteten Nesseln und Ricotta (Seite 36)

Räucherlachs mit Kresse und Zitrone

POCHIERTE EIER MIT GEDÜNSTETEN NESSELN UND RICOTTA

Pochierte Eier sind einfach das Beste was es gibt, und man kann damit richtig Eindruck schinden! Das Foto dazu sehen Sie auf Seite 35.

4 Portionen
Ca. 25 Minuten

100 g junge Brennnesselblätter
2 EL Butter zum Dünsten
1 große Knoblauchzehe
Salz und frisch gemahlener schwarzer Pfeffer

Pochierte Eier
4 sehr frische Eier

4 Scheiben gutes Brot, z. B. helles Sauerteigbrot
Ca. 25 g Hartkäse, z. B. Pecorino oder Parmesan
Zitronenschale

1) Die holzigen Stiele von den Nesseln entfernen und die Blätter 30 Sekunden in kochendem Wasser blanchieren. Auf Küchenpapier gut abtropfen lassen.

2) Die Nesseln ein paar Minuten in der heißen Butter dünsten. In der letzten Minute den fein gehackten Knoblauch zugeben. Salzen und pfeffern und beiseite stellen.

3) Die Eier nach der Anleitung auf Seite 28 pochieren. Wachteleier brauchen 1 Minute weniger Kochzeit.

4) Das Brot entweder toasten oder in der Bratpfanne in Butter rösten. Mit Ricotta und Nesseln belegen und zuletzt ein pochiertes Ei darauf setzen. Mit einer Prise abgeriebener Zitronenschale servieren.

ASIAN CHICKEN SALAD

Ich liebe ja die Kombination von knackig, heiß und säuerlich! Die Idee zu diesem Salat kam mir, als ich einmal riesigen Appetit auf ein Steak bekam, aber nur Hühnerfleisch im Haus hatte.

4 Portionen
Ca. 25 Minuten

Dressing
1/2–1 Chilischote
Saft von 4 großen Limetten (ca. 150 ml)
150 ml Fischsauce
1 TL Zucker

750 g Mohrrüben
450 g Salatgurke
300 g Zuckererbsen
6 Zwiebeln
Je 1 Bund Minze, Koriander und Thai-Basilikum
150 ml gesalzene Erdnüsse
500 g entbeinte Hähnchenschenkel, ohne Haut
Salz und Pfeffer
Öl zum Braten

1) Chili sehr fein hacken und mit den übrigen Zutaten zu einem Dressing rühren.

2) Das Gemüse in Julienne-Streifen schneiden, die Kräuter sehr fein hacken und alles in einer Salatschüssel gut vermengen. Die Erdnüsse hacken.

3) Das Hühnerfleisch in Streifen schneiden, salzen und pfeffern und rasch von allen Seiten in der heißen Pfanne bräunen. Achten Sie jedoch darauf, dass das Fleisch gut durchgegart ist!

4) Das Dressing gründlich unter den Salat mischen, den Salat auf Teller verteilen und das Fleisch darüber geben. Mit den Erdnüssen bestreut servieren.

Verwenden Sie dafür keine rohe Chorizo, denn diese Wurst ist sehr fett und die Eimischung kann durch das ausgelaufene Fett leicht einreißen. Frische Chorizo sollte vorher ausgebraten werden.

QUICHE MIT CHORIZO, TOMATEN UND BOHNEN

4–6 Portionen
Ca. 30 Minuten Zubereitungszeit
+ 30 Minuten im Kühlschrank
+ 75 Minuten im Ofen

Das Grundrezept für den Quiche-Teig steht auf Seite 183

Füllung

1 kleines Bund Frühlingszwiebeln, nur die grünen Spitzen verwenden (oder die hellgrünen Spitzen von einer Lauchstange)
1 große Knoblauchzehe
10 Kirschtomaten
1 Dose (ca. 400 g) große weiße Bohnen
Chorizo, fein gehackt, Menge nach Wunsch
ca. 100 ml frische Oreganoblätter
6 Eier
250 ml Milch
250 ml Sahne
Salz und frisch gemahlener schwarzer Pfeffer
150 g Fetakäse

1) Den Teig nach der Anleitung auf Seite 183 zubereiten und eine gefettete Springform (ca. 23 cm) damit auslegen. Den Teig mit Alufolie abdecken und vorbacken.

2) Die Alufolie nach dem Vorbacken vorsichtig vom Teig abziehen.

3) Das Lauch- oder Zwiebelgrün in feine Ringe schneiden, den Knoblauch fein hacken und die Tomaten halbieren. Die Bohnen gründlich abspülen und abtropfen lassen. Die Chorizo in kleine Würfel schneiden und den Oregano hacken. Alles zusammen auf dem Quicheboden verteilen.

4) Eier, Milch und Sahne verquirlen und mit Salz und Pfeffer würzen. Die Mischung in die Form gießen und darauf achten, dass sie sich gut zwischen allen Zutaten verteilt. Den Fetakäse grob raspeln und darüber streuen.

5) Den Ofen auf 175 °C herunterschalten und die Quiche etwa 1 Stunde lang auf der untersten Schiene backen. Die Eimischung soll gestockt sein und die Oberfläche eine schöne goldbraune Farbe bekommen. Die Quiche vor dem Servieren gern 20 Minuten lang im ausgeschalteten Ofen ruhen lassen.

SCHOTTISCHE EIER AUF SPANISCHE ART

Dieses Gericht habe ich zuerst in einem Londoner Pub gegessen, und da ich ein ausgesprochener Eier- und Wurstfan bin, habe ich mich Hals über Kopf verliebt. Wurst und Eier – und dann noch frittiert, das war fast zu schön, um wahr zu sein! Etwas arbeitsintensiv in der Herstellung, aber definitiv die Mühe wert.

4 Portionen
Ca. 40 Minuten

6 nicht allzu frische Eier (sie sollen sich gut schälen lassen)
500 g frische Chorizo (Bratwurst)
150 ml fein gehackter Schnittlauch
Frittierfett
200-300 ml Panko-Paniermehl
Grobes Salz

Zum Servieren
Mayonnaise oder Chilisauce

1) 4 Eier 2 Minuten lang in kochendes Wasser legen, herausnehmen und 2 Minuten ruhen lassen. Erst dann mit kaltem Wasser abspülen, bis sie ganz kalt sind – sie sollen beim Schälen intakt bleiben. Die Eier schälen.

2) Die Wurstpelle abziehen, das Brät zu einer glatten Masse verarbeiten und zu 4 Kugeln formen. Die Kugeln zwischen 2 Lagen Küchenfolie dünn ausrollen, bis die Fläche groß genug ist, um ein Ei damit zu umkleiden.

3) Eine Folie abziehen und das Brät mit dem gehackten Schnittlauch bestreuen. Dann das Ei unter Zuhilfenahme der verbliebenen Folie vorsichtig mit dem Wurstteig umkleiden. Vorsichtig arbeiten, damit das Ei nicht beschädigt wird!

4) Die Eier in die Plastikfolie wickeln und im Kühlschrank lagern, während das Frittierfett heiß wird. Das Fett in einem großen Topf auf 160 °C erhitzen. (Schalten Sie die Dunstabzugshaube aus und halten den Topfdeckel bereit, falls das Fett Feuer fängt. In diesem Fall sofort den Herd ausschalten und den Deckel auflegen!) Wenn Sie kein Küchenthermometer haben, prüfen sie die Temperatur mit einem kleinen Stück Weißbrot. Wenn dies innerhalb von 30 Sekunden goldbraun wird, ist das Fett heiß genug.

5) Die restlichen beiden Eier in einer kleinen Schüssel verquirlen und das Paniermehl in eine andere Schüssel geben. Die Folie abziehen und die Eier zuerst in der Flüssigkeit, dann in dem Paniermehl wenden. Die Eier 7–9 Minuten frittieren, bis sie außen schön goldbraun sind und das Wurstfleisch ganz durchgegart ist. Noch heiß mit grobem Salz bestreut servieren. Dazu schmeckt Mayonnaise oder Chilisauce.

Schafe und andere Tiere

Seit Jahren sprechen alle von einem grünen Trend – Chefköche, Kochzeitschriften, Kochbücher, in Kochsendungen und in Trendberichten. Doch meiner Meinung nach hat sich der Wandel wenn, dann nur sehr langsam vollzogen. Bis jetzt. Inzwischen ist es wirklich zu merken, dass mehr und mehr Menschen mehr Gemüse und weniger Fleisch essen. Obst und Gemüse soll heute möglichst aus ökologischem Anbau stammen, und auch beim Fleisch wird inzwischen sehr darauf geachtet, dass es hochwertiges Fleisch aus humaner Tierhaltung ist.

Meine eigene Fleischphilosophie sieht folgendermaßen aus: Ich möchte all die Tiere, die ich esse beim Namen kennen – oder zumindest ihren Jäger, sofern nicht ich selbst oder ein Familienmitglied das Tier tötete. Das mag vielleicht morbide klingen, aber ich möchte den Lebensweg des Tieres, das später in meinem Gefrierschrank endet, mit eigenen Augen verfolgen können. Ich möchte durch den Kuhstall gehen und voller Stolz auf meine Tiere blicken, einem Kalb den Rücken kraulen und wissen, dass es ein gutes Leben hatte. Aus mir wird wohl nie eine Vegetarierin werden, doch ich möchte mein Fleisch zumindest mit offenen Augen und Anstand genießen.

So mancher rümpft angewidert die Nase, wenn ich ihm erzähle, dass das Lamm, das ich eben mit Kohlresten und trockenem Brot gefüttert habe, während ich ihm dabei zärtlich über die Nase streichelte, zu Ostern geschlachtet wird. „Wie kannst du nur?“ fragen sie mich entsetzt. „Wie kann ich anders?“ frage ich dann zurück. Dieses Lamm hat zu Lebzeiten viel Pflege und Liebe bekommen, wurde mit Kräutern und allerlei Leckereien gefüttert und hatte das beste Lämmchenleben, das man sich vorstellen kann. Es wird mir aus freien Stücken aus dem Garten bis zum Stall folgen, wo es dann kurz und schmerzlos geschlachtet wird. Und es wird dabei zu keinem Zeitpunkt unter Stress gestanden haben.

Ich habe mich nun einmal dafür entschieden, Fleisch zu essen. Aber genau darum darf ich nicht vor den unliebsamen Konsequenzen einer solchen Wahl die Augen schließen. Ich will wissen, wozu ich durch meine Kaufentscheidungen beitrage.

EINE WAHRE SCHWEINELIEBE

Ich wollte ja, wie gesagt, schon als kleines Mädchen gern Bäuerin werden und habe damals meine ersten ernsten und schönsten Erfahrungen auf diesem Gebiet auf einem Hof in der Nähe gemacht. Dort lernte ich, wie das Schlachten vor sich ging, und ich erkannte den Wert respektvoller Tierhaltung. Einmal lebten auf dem Hof zwei Schweine namens Bengt und Bengta. Ich besuchte sie

im Schweinekoben und auf der Koppel, bürstete sie und ging mit ihnen spazieren. Kurz gesagt, ich liebte Bengt und Bengta. Doch eines frühen Wintermorgens sah ich zwei Blutspuren, die vom Viehstall bis zur Garage führten – und da hingen meine beiden geliebten Schweine an Haken unterm Dach! Und es klingt vielleicht sonderbar, doch es war in diesem Moment, dass mir der Wert selbst produzierter Nahrungsmittel klar wurde. Selbstverständlich war ich damals todtraurig, aber ich verstand plötzlich den Zusammenhang zwischen den Tieren im Viehstall und dem Schweinebraten am Weihnachtstag, den leckeren Frikadellen zum Mittagessen. Noch heute versuche ich jedes Jahr, einen Bengt oder eine Bengta zu finden oder das Lämmchen Lammis oder Kalle, das Kalb. Denn nichts gibt mir größere Zufriedenheit, als zu wissen, wo das Fleisch, das ich esse, herkommt.

Der Vorteil an dem Fleisch von Tieren, deren Leben man verfolgen konnte und für das man meistens auch ein bisschen mehr Geld bezahlt hat, ist, dass man nicht im Traum daran denken würde, irgendwas davon einfach wegzuschmeißen. Schon allein aus Respekt vor dem Tier wird auch das kleinste Stück noch irgendwie in der Küche verwendet. „Nose to tail“, sozusagen.

FRIKADELLEN MIT TOMATENSAUCE UND BOHNEN

Hier werden die Frikadellen in der Tomatensauce gegart. Damit schlägt man gleich zwei Fliegen mit einer Klappe, denn so schmecken sie einerseits besonders intensiv und andererseits macht man dafür weniger Töpfe und Pfannen schmutzig.
Rustikal, einfach und lecker!

4 Portionen
Ca. 35 Minuten

Tomatensauce
2 Bleichselleriestangen
2 Mohrrüben
1 ½ große Gemüsezwiebeln
½ entkernte Chilischote
Olivenöl
2 Dosen gehackte Tomaten (insgesamt 800 g)
1 TL Zucker
Salz und frisch gemahlener schwarzer Pfeffer

Frikadellen
½ Gemüsezwiebel
Olivenöl
500 g Hack
1 Knoblauchzehe
1 TL feines Meersalz
1/3 TL frisch gemahlener schwarzer Pfeffer

1 Dose große weiße Bohnen (400 g)
1–1 ½ Bund frischer Basilikum
Geriebener Parmesan
Feines Meersalz
Frisch gemahlener schwarzer Pfeffer

Dazu
Kräftiges Brot

1) Sellerie, Mohrrüben, Zwiebeln und Chili fein hacken. Zwiebel, Knoblauch und Chili in Olivenöl glasig dünsten. Sellerie und Mohrrüben dazugeben und einen Augenblick

unter Rühren weiter dünsten, dann die Tomaten zugeben und alles aufkochen lassen. Deckel auflegen und 10 Minuten kochen lassen, gelegentlich umrühren. Salzen und pfeffern.

2) Die Zwiebel für die Frikadellen hacken und glasig dünsten. Abkühlen lassen und mit den Gewürzen in das Hackfleisch geben und alles zu einem geschmeidigen Teig verarbeiten.

3) Den Teig zu kleinen Frikadellen formen und in die Tomatensauce legen. Sie sollen ganz mit der Sauce bedeckt sein. Deckel wieder auflegen und auf mittlerer Hitze ca. 10 Minuten garen. Die Bohnen zugeben und noch 3–4 Minuten weiterkochen. Zuletzt das gehackte Basilikum, Salz und Pfeffer dazugeben, gut umrühren und mit Parmesan bestreut servieren.
Dazu schmeckt rustikales Bauernbrot.

Was passiert eigentlich mit den alten, ausgedienten Milchkühen? Sie haben wahrscheinlich ebenso wenig Glück wie ausgediente Bullen oder Batteriehennen. Und das geht mir so sehr gegen den Strich! Wir sind alle viel zu beschäftigt, um einmal genau hinzusehen, wie unsere Fleisch- und Eierlieferanten eigentlich behandelt werden. Haben diejenigen, die uns ernähren, nicht besonderen Respekt und optimale Pflege verdient?

SANDWICH MIT LANGE GEBACKENEM LAMM, HUMMUS UND GRANATAPFELKERNEN

Hier kombiniere ich traditionelles gebackenes Lamm mit den Aromen Nordafrikas.

6 Portionen
Ca. 20 Minuten + 5 Stunden im Ofen

2 EL Harissa
1 EL gemahlenen Kreuzkümmel
1 EL Koriandersamen, leicht zerstoßen
1 EL Honig
1 EL Salz
½ TL schwarzer Pfeffer
800 g Lammbraten
2 große Gemüsezwiebeln
3 Knoblauchzehen
2 Zimtstangen
100 ml Rosinen
1 Dose gehackte Tomaten (400 g)
200 ml Wasser

Zum Servieren
Pitabrot, Baguette oder Tortilla
Hummus und/oder türkischer Joghurt (natur)
Granatapfelkerne
Frischer Koriander (Cilantro)

1) Den Ofen auf 150 °C vorheizen.
Harissa, Kreuzkümmel, Koriandersamen, Honig und Salz verrühren und das bratfertig vorbereitete Fleisch damit rundherum einreiben. Zwiebel und Knoblauch grob hacken und in einen Bräter mit Deckel geben. Den Braten hineinlegen und Zimt und Rosinen drum herum verteilen. Die Tomaten darüber gießen und den Deckel auflegen.

2) Den Braten auf der mittleren Ofenschiene 4–5 Stunden garen, bis das Fleisch so zart ist, dass es sich mit der Gabel zerpflücken lässt. Das Fleisch zerpflücken und in der Bratflüssigkeit tränken. Mit Brot, Hummus und/oder Joghurt, Granatapfelkernen und frisch gehacktem Koriander servieren.

SCHWEINE-FLEISCH MIT RHABARBER-GLASUR

4 Portionen
Ca. 30 Minuten

600 g gepökeltes Fleisch in Scheiben

Glasur
50 g frischer Ingwer
200 g Rhabarber, geschält (junger, gewaschener Rhabarber braucht nicht geschält zu werden)
1 Knoblauchzehe
150 g Zucker
100 ml helle japanische Sojasauce
1 EL grob gemahlener Nelkenpfeffer
1 TL frisch gemahlener schwarzer Pfeffer

Flockensalz zum Bestreuen

1) Den Ofen auf 225 °C vorheizen (oder den Grill anfeuern). Den Ingwer fein reiben und den Saft in einen Topf pressen. Rhabarber und Knoblauch grob hacken und mit den übrigen Zutaten in den Topf geben. Den Deckel auflegen, den Rhabarber darin weich kochen und glatt rühren.

2) Das Fleisch mit der Glasur einpinseln und entweder 15 Minuten im Ofen oder auf dem heißen Grill zubereiten. Dabei gern mehrmals mit der Glasur einpinseln, sodass die Oberfläche eine Art Karamellüberzug bekommt. Das Fleisch dabei mehrmals wenden. Mit etwas grobem Salz bestreut servieren.

LAMMLASAGNE MIT SCHAFSKÄSE, KRÄUTERN UND ZITRONE

4 Portionen
Ca. 20 Minuten + 45 Minuten im Ofen

Béchamelsauce
50 g Butter
50 g Mehl
800 ml Vollmilch
Geriebene Muskatnuss
Salz und weißer Pfeffer

Fleischsauce
2 Zwiebeln
2 Knoblauchzehen
½ Chilischote, entkernt
Olivenöl zum Braten
600 g Gehacktes vom Lamm
200 ml gehacktes Basilikum (fest in den Messbecher gepackt)
100 ml gehackte Minze (fest gepackt)
Abgeriebene Schale und Saft von 1 großen Zitrone
Salz und frisch gemahlener schwarzer Pfeffer

400 g Lasagneblätter ohne Vorkochen
250 g Fetakäse (oder Ziegenkäse)

Beilage
Knackiger Salat

1) Den Ofen auf 250 °C vorheizen.
Die Butter in einem Topf zerlassen und das Mehl einrühren, dann nach und nach unter ständigem Rühren die Milch zugeben und das Ganze aufkochen lassen. 3–4 Minuten schwach kochen lassen, bis die Sauce abbindet. Gelegentlich rühren. Mit Muskatnuss, Salz und Pfeffer würzen.

2) Zwiebel, Knoblauch und Chili fein hacken. Das Hackfleisch in dem heißen Olivenöl gut durchbraten. Zwiebel, Knoblauch und Chili dazugeben und ein paar Minuten weiter dünsten, bis die Zwiebel glasig ist. Kräuter, Zitronensaft und -schale dazu geben und mit Salz und Pfeffer abschmecken.

3) Die Lasagneplatten abwechselnd mit der Béchamelsauce und der Fleischsauce in eine ofenfeste Form schichten. Mit einer Lage Lasagneplatten und Béchamelsauce abschließen und den Käse darauf verteilen. Die Lasagne auf der mittleren Ofenschiene ca. 45 Minuten garen, bis die Pasta weich und die Oberfläche schön goldbraun ist. Dazu schmeckt ein knackiger Salat.

Tipp: Wenn Sie keine großen Muffinformen haben, machen Sie einfach einen Pie! Eine tiefe Pieform oder eine 20er Springform einfetten und ca. 25 Minuten goldbraun backen.

STEAK-PIE MIT MUSHY PEAS

Dieser Pie ist ein herrlich sättigendes Gericht, von der Sorte, wie man ihn in Großbritannien, Neuseeland oder Australien im Pub serviert bekommt. Man kann die Füllung sehr gut ein paar Tage vorher zubereiten. Wenn etwas übrig bleibt, kann man das im 175 °C heißen Ofen prima wieder aufbacken – der Pie wird dann wieder wunderbar knusprig!

6 Portionen
Ca. 2 ½ Stunden

Füllung
700 g Hochrippe
70 g Frühstücksspeck
2 kleine Zwiebeln
2 Knoblauchzehen
Öl zum Braten
1 TL Thymian
150 ml Rotwein
1 ½ EL Worcestershiresauce
1 EL Zucker
1 EL Rinderfond-Konzentrat
500 ml Wasser
2 EL Tomatenmark
Salz
Schwarzer Pfeffer
Evtl. 1–1 ½ EL Speisestärke

500 g fertiger Blätterteig
50 g zerlassene Butter zum Einpinseln

Mushy Peas
500 ml grüne Erbsen (frisch oder tiefgefroren)
2–3 EL türkischer Joghurt
Salz und schwarzer Pfeffer

1) Das Fleisch putzen und in kleine Würfel schneiden (ca. 1/ ½ x 1 ½ cm). Den Speck in Streifen schneiden, Zwiebel und Knoblauch hacken. Das Fleisch in dem heißen Öl in einer Pfanne mit dickem Boden rundherum bräunen. Zwiebel, Knoblauch und Speck dazu geben und dünsten, bis die Zwiebel glasig geworden ist. Den Rest der Zutaten (außer Speisestärke) dazu geben und gut umrühren.

2) Die Füllung aufkochen lassen, dann die Temperatur herunterschalten, den Deckel auflegen und auf mittlerer Hitze ca. 1–1 ½ Stunden garen. Das Fleisch soll sehr zart und die Flüssigkeit ziemlich weit eingekocht sein. Gelegentlich umrühren, damit nichts anbrennt. Salzen und pfeffern. Wenn die Sauce nicht sämig genug ist, 1–1 ½ Esslöffel Speisestärke in ein paar Esslöffeln kaltem Wasser auflösen und dazu geben.

3) Den Ofen auf 220 °C vorheizen. Nun 6 große Muffinformen (Ramekins gehen auch) mit zerlassener Butter einpinseln. Die Oberkanten nicht vergessen, damit der Blätterteig nicht anhaftet. Die Formen mit Blätterteig auskleiden und rundherum ½ cm überstehen lassen, den Rest abschneiden.

4) Die Formen bis zum Rand mit der Fleischsauce füllen. Passende Deckel aus dem Blätterteig schneiden und obenauf legen. Die Ränder rundherum mit der Gabel zusammendrücken. Dann mit einem Messer vorsichtig den Rand rundherum von den Förmchen lösen (damit sie beim Backen nicht am Rand festkleben). Die Oberseite mit der Butter einpinseln. Auf der mittleren Ofenschiene ca. 25 Minuten goldbraun backen.

5) Derweil Erbsen und Joghurt mit dem Stabmixer zerkleinern – nicht zu stark, denn für richtige „Mushy Peas" muss das Erbsenpüree noch recht grob sein. Mit Salz und Pfeffer abschmecken.

6) Die Pies noch warm mit dem Erbsenpüree servieren.

SELBSTGEMACHTE RICOTTA

Ich verwende Ricotta in Lasagne, Gratins, Desserts, Pizza und als kleinen Auflauf mit Ei und Parmesan. Man kann Ricotta ganz leicht selber machen – eine wunderbare Idee, wenn man etwas Milch übrig hat, die nicht mehr ganz frisch ist.

Ca. 400 ml Ricotta

400 ml Vollmilch (gern ein paar Tage alt)
150 ml Sahne
1 kleine Prise Salz
1 EL frischer Zitronensaft oder Essig

1) Milch, Sahne und Salz in einem Topf langsam auf 80 °C erhitzen. Gelegentlich umrühren, damit die Milch nicht anbrennt. Den Zitronensaft zugeben und die Temperatur herunterschalten, sobald die Milch zu stocken beginnt (das dauert etwa 2 Minuten). Die Milch darf auf keinen Fall kochen! Den Topf vom Herd nehmen, den Deckel auflegen und die Mischung gut abkühlen lassen.

2) Die abgekühlte Masse durch ein Mulltuch, ein sauberes Küchenhandtuch oder einen Kaffeefilter abgießen (stellen Sie das Ganze dafür ruhig 2–3 Stunden in den Kühlschrank). Je länger die Flüssigkeit abrinnen kann, desto fester und trockener wird der Ricotta. Wenn Sie ihn zu lange filtern, wird er eher wie Mascarpone in der Konsistenz. In luftdicht verschließbaren Behältern hält sich Ricotta etwa 10 Tage lang im Kühlschrank.

SELBSTGEMACHTE BUTTER

Es gibt Butter und es gibt Butter, sage ich immer. Und wie man es auch dreht und wendet – die Butter wird nur so gut, wie die Milch, die man dafür genommen hat. Ich habe das Glück, dass sich ein Ökobauernhof und eine Käserei in meinem Dorf befinden. Da kann man wirklich aus eigener Anschauung erfahren, welchen Unterschied die richtige Sahne macht. Butter selbst zu machen, ist gar nicht schwer und macht besonders viel Spaß, wenn Sie Kinder haben, die gern in der Küche helfen. Und wie das Resultat auch aussieht – besser als Industriebutter wird sie allemal!

Ca. 250 g Butter

1 Liter Schlagsahne
Olivenöl
Meersalz

1) Die Schlagsahne so lange im Mixer schlagen, bis sie anfängt, sich in Buttermilch und Butterklümpchen zu trennen (das dauert ca. 3 Minuten). Die Butter filtern (die Buttermilch nicht wegschütten – man kann sie prima zum Backen verwenden!) und in eine Schüssel geben.

2) Sehr kaltes Wasser darüber gießen und die Butter mit den Händen darin verkneten. Das Wasser mehrmals (normalerweise ca. 3-mal) austauschen, bis es beim Kneten nicht mehr milchig wird.

3) Ein paar Teelöffel gutes Olivenöl (für Geschmack und Konsistenz) in die Butter geben und alles mit einem Holzlöffel gut verkneten. Nach Geschmack noch etwas Meersalz dazu geben. Die Butter wie normale Butter in einem Buttergefäß im Kühlschrank verwahren.

HACKSTEAK MIT KÄSEFÜLLUNG

Ich mag Hacksteaks mit Zwiebeln, aber manchmal braucht man eben auch etwas Abwechslung. Ich präsentiere Ihnen hiermit Hacksteak und Zwiebeln 2.0!

4 Portionen
Ca. 30 Minuten

Frikadellen
2 Knoblauchzehen
600 g Rinderhack
1 Ei
1 EL Sahne
2 EL Kalbsfond-Konzentrat
1 TL Salz
frisch gemahlener schwarzer Pfeffer
100 g Ziegenkäse
30 g Pinienkerne

Glasierte Zwiebeln
Zwiebeln
Butter
1 Prise Zucker
1 Prise Salz

Beilage
Salzkartoffeln oder gebackenes Wurzelgemüse

1) Knoblauch reiben und mit Hackfleisch, Ei, Sahne und Fondkonzentrat in eine Schüssel geben, salzen und pfeffern und rasch zusammenkneten. Nicht zu lange kneten, damit der Teig nicht zu kompakt wird. Den Käse zerbröckeln und die Pinienkerne rasch in der trockenen, heißen Pfanne rösten.

2) Die Fleischmasse zu sechs Frikadellen formen. In die Mitte jeweils eine Vertiefung drücken und mit Käse und Pinienkernen füllen. Die Vertiefungen mit Fleischmasse zudecken und gut festdrücken und die Frikadellen nochmals nachformen.

3) Die Zwiebeln in Ringe schneiden und auf mittlerer Temperatur in Butter, Zucker und Salz glasig dünsten. Die Zwiebeln dürfen nicht anbrennen, sie sollen langsam karamellisieren. Dann beiseite stellen und mit einem Teller etc. abdecken, damit sie nicht allzu sehr abkühlen.

4) Die Frikadellen auf mittlerer Hitze auf beiden Seiten braten, bis sie außen goldbraun und innen gar sind. Auf eine Servierplatte legen und mit Alufolie abdecken. Dann die Pfanne mit ca. 150 ml Wasser ablöschen, kurz einkochen lassen und über die Frikadellen gießen.
Die Zwiebeln darüber verteilen und zusammen mit Salzkartoffeln oder gebackenem Wurzelgemüse servieren.

SELBST GERÄUCHERTER SCHWEINE-BAUCH

Wenn Sie die Möglichkeit haben, im Garten zu räuchern, dann versuchen Sie es unbedingt einmal mit eigenem Schinkenspeck – einfach wunderbar!

2 Chipotle-Schoten (ersatzweise 1 TL Chipotlepulver)
4 Knoblauchzehen
100 g Salz
2 EL Zucker
½ TL Salpeter (fragen Sie beim Schlachter oder schauen Sie im Internet)
800 g Schweinebauch
2 EL grob gemahlener schwarzer Pfeffer.

1) Die Chipotle in einer trockenen Pfanne rösten und dann im Mörser zerstoßen. Den Knoblauch pressen. Zucker, Salz und Salpeter mischen und das Fleisch zuerst damit, danach mit Chipotle, Knoblauch und Pfeffer rundherum abreiben. Das Fleisch 1 Woche lang in einer verschließbaren Plastiktüte im Kühlschrank lagern.

2) Das Fleisch aus dem Kühlschrank nehmen und warten, bis es Zimmertemperatur hat. Dann bei 100 °C mit Hickoryspänen im Räucherofen räuchern, bis das Fleisch innen etwa 65 °C heiß ist. Abkühlen lassen und in dünne Scheiben schneiden (eine Schneidemaschine ist dafür praktisch).

RINDER-TATAR MIT DIJONSENFMAYONNAISE UND FRITTIERTEM PALMKOHL

Für Tatar ist es wichtig, nur Fleisch von bester Qualität zu verwenden. Ich nehme dafür am liebsten Rumpsteak vom Rind, Flanksteak zum Beispiel funktioniert auch sehr gut. Früher hat man für Tatar meist Filetsteak verwendet, aber ich persönlich finde, dass das nicht den kräftigen Fleischgeschmack hat, auf den es meiner Meinung nach beim Tatar doch ankommt. Die Dijon-Mayonnaise ist sehr reichlich bemessen, aber wenn etwas übrig bleibt, hält sie sich etwa eine Woche im Kühlschrank.

4 Portionen
Ca. 30 Minuten

Senfmayonnaise
1 Ei (Zimmertemperatur)
1 ½ EL Dijonsenf
1 ½ TL Weißweinessig
150 ml Speiseöl (Zimmertemperatur)
100 ml gutes Olivenöl
Salz

Eingelegtes Gemüse
25 ml Essigessenz
100 g Zucker
125 ml Wasser
½ rote Zwiebel
1 kleine Mohrrübe

Tatar
600 g Rumpsteak
2 EL Worcestershiresauce
Grobes Meersalz und reichlich frisch gemahlener schwarzer Pfeffer

Frittierter Palmkohl
8-8 Blätter Palmkohl
Frittierfett
Salz

4 Eigelbe (gern von der Wachtel, sonst kleine Hühnereier)
Fein geriebener Meerrettich
Grobes Meersalz und frisch gemahlener schwarzer Pfeffer

1) Ei, Senf und Essig im Mixer verrühren. Zuerst das Speiseöl, dann das Olivenöl tropfenweise bei laufendem Mixer dazu geben (Olivenöl wird bitter, wenn man es zu lange schlägt). Mit Salz und Pfeffer abschmecken.

2) Essigessenz, Zucker und Wasser aufkochen und auf Zimmertemperatur abkühlen. Zwiebel und Mohrrübe in sehr dünne Ringe schneiden und mindestens 20 Minuten in der Flüssigkeit einlegen (diese Beilage kann man auch wunderbar am Vortag zubereiten).

3) Das Fleisch gut putzen und per Hand in sehr kleine Stücke schneiden oder durch den Fleischwolf drehen. Gut mit der Worcestershiresauce, Salz und Pfeffer vermengen – nicht zu lange kneten, sonst wird das Tatar zu kompakt.

4) Den Palmkohl putzen und die holzigen Stiele entfernen, dann in dünne Streifen schneiden. Das Frittierfett in einem großen Topf auf 170–180 °C erhitzen. (Schalten Sie die Dunstabzugshaube aus und halten den Topfdeckel bereit, falls das Fett Feuer fängt. In diesem Fall sofort den Herd ausschalten und den Deckel auflegen!) Wenn Sie kein Küchenthermometer haben, prüfen sie die Temperatur mit einem kleinen Stück Weißbrot. Wenn dies innerhalb von 30 Sekunden goldbraun wird, ist das Fett heiß genug.
Den Kohl in dem heißen Fett knusprig frittieren und auf Küchenpapier abtropfen lassen. Mit Salz bestreut servieren.

5) Das Tatar zu Patties formen und auf Tellern anrichten. Je ein rohes Eigelb darauf geben und mit geriebenem Meerrettich, Salz und Pfeffer bestreuen. Je eine Portion Senfmayonnaise, eingelegtes Gemüse und reichlich frittierten Palmkohl dazu geben.

Tipp! Falls Sie zufällig einmal Essig, Öl oder Sirup mit Tannenspitzen-Aroma entdecken, unbedingt mitnehmen – ein paar Tropfen davon schmecken einfach unglaublich lecker in diesem Gericht!

GEBACKENES SCHWEIN MIT EIGELB, EINGELEGTEM KOHL UND FRITTIERTEN ZWIEBELN.

Lamm mit Kohl ist gut, aber Schwein mit Kohl ist womöglich noch besser. Dieses Rezept ist so lecker und so dekorativ, dass ich es gerne zu besonderen Anlässen koche, obwohl es eigentlich eine ganz einfache Angelegenheit ist. Der Schweinebraten macht sich beinahe von selbst, der Kohl ist schnell gedünstet und, tja, eigentlich machen nur die frittierten Zwiebeln ein ganz klein wenig Mühe.

4 Portionen
30 Minuten + ca. 3 Stunden im Ofen

Schweinebraten
600 g Schweinekarree oder -nacken ohne Knochen
2 Knoblauchzehen
2 EL Fenchelsamen
2 TL Salz
½ TL frisch gemahlener schwarzer Pfeffer
½ unbehandelte Zitrone
½ unbehandelte Orange
4–5 Kerbelstiele (ca. ½ Bund)
1 Zwiebel
200 ml Wasser

Sauerkohl
½ L Wasser
1 TL Essigessenz
½ Zucker
2 TL Salz
½ Spitzkohl (6–8 Blätter), gern violetten

Frittierte Zwiebeln
Frittierfett
3 Bananenschalotten

4 Eigelbe
Tagetesblätter, Ringelblumen, Kresseblüten oder -sprossen

1) Den Ofen auf 150 °C vorheizen. Das Fleisch gut putzen. Den Knoblauch reiben und zusammen mit Fenchelsamen, Salz und Pfeffer im Mörser zerstoßen. Das Fleisch mit der Gewürzmischung einreiben.

2) Zitrone und Orange spülen, in Schnitze zerteilen und zusammen mit den Kerbelzweigen in eine kleine ofenfeste Form legen. Die Zwiebel in Streifen schneiden und dazu geben. Mit dem Wasser aufgießen, das Fleisch hineingeben und Zwiebel und Zitrusfrüchte drum herum arrangieren.

3) Den Braten auf der mittleren Ofenschiene 3 Stunden garen. Das Fleisch soll sich mit einer Gabel zerpflücken lassen. Derweil die Beilagen zubereiten.

4) Wasser, Essigessenz, Zucker und Salz aufkochen lassen. Die Kohlblätter in den Sud legen und darin garen, bis die dickeren Enden noch ein wenig Biss haben (das dauert etwa 10 Minuten).

5) Das Frittierfett in einem großen Topf auf 170–180 °C erhitzen. (Schalten Sie die Dunstabzugshaube aus und halten den Topfdeckel bereit, falls das Fett Feuer fängt. In diesem Fall sofort den Herd ausschalten und den Deckel auflegen!) Wenn Sie kein Küchenthermometer haben, prüfen Sie die Temperatur mit einem kleinen Stück Weißbrot. Wenn dies innerhalb von 30 Sekunden goldbraun wird, ist das Fett heiß genug.
Die Schalotten in feine Streifen schneiden und in dem heißen Fett goldbraun und knusprig frittieren. Auf Küchenpapier abtropfen lassen.

6) Das Fleisch zerpflücken und mit der Bratenflüssigkeit tränken. Den Kohl auf vier Tellern anrichten, das Fleisch darüber geben. Darauf je ein Eigelb und reichlich frittierte Zwiebeln anrichten. Zuletzt eine Handvoll essbare Blüten und Blätter und eine Prise Meersalz darüber streuen.

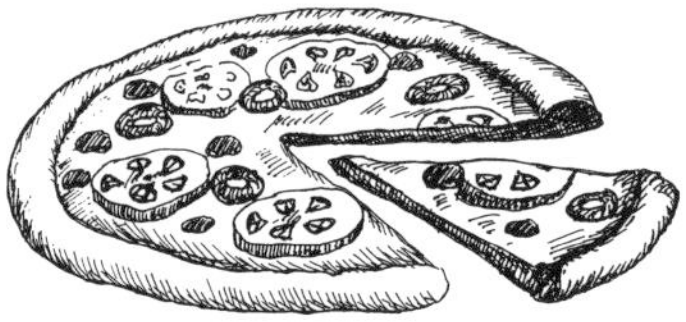

Die Pizzeria

Das Ding mit der Pizzeria ist ja wohl so ziemlich das verrückteste, lustigste und hektischste Projekt, das mir je untergekommen ist. Beinahe, ganz beinahe von der Größenordnung wie Kinderkriegen. Also, wir haben nämlich jetzt eine Pizzeria. Bei uns zu Hause.

Wir, das sind mein Mann Marcus und ich. Und seit in Prostens Pizza, so heißt unsere Pizzeria, das erste Mal der Steinofen angefeuert wurde und die Gäste hereinkamen – nein, hereinstürmten, muss man eigentlich sagen, habe ich die Geschichte unserer kleinen Pizzeria wohl schon tausendmal erzählt – den Gästen, heimischen und ausländischen Journalisten, alten Tanten und kleinen Kindern. Aber bisher habe ich sie noch niemals niedergeschrieben. Und ich habe keine Ahnung, warum das so ist, aber wenn man etwas schwarz auf weiß gedruckt sieht, kommt es einem plötzlich irgendwie viel realer vor.

TRAUM + PROJEKT = TRAUMPROJEKT

Prostens Pizza begann mit einem Traum, einem Steinofen und einem Mittagessen in einer New Yorker Pizzeria. Marcus und ich hatten schon immer ein gemeinsames Projekt auf die Beine stellen wollen – das war der Traum. Ein gemeinsames Projekt, das wäre für die meisten vernünftigen Menschen wahrscheinlich, das Wohnzimmer zu renovieren, Paartraining zu machen oder gemeinsam Italienisch zu lernen. Nun, wir haben inzwischen eingesehen, dass wir leider nicht so vernünftig sind – denn Marcus und ich träumten davon, ein paar Monate im Jahr eine Gastwirtschaft zu führen. Unsere Lieblingssorte. Praktisch bei uns zu Hause. Die Sorte von Gastwirtschaft, in die wir selbst gern gehen: Laut, wunderbar und mit einer offen einsehbaren Küche. Ungekünstelt, aber in Sachen Zutaten und Kochkunst voll auf der Höhe. Mit furchtbarer Musik, die etwas zu laut ist, und zu vielen Gästen, die ein wenig zu dicht zusammenrücken müssen. Denn wenn man in so einer Atmosphäre isst und trinkt, dann beginnt man unweigerlich mit den Tischnachbarn zu reden, selbst wenn man sie gar nicht kennt. Und plötzlich teilt man sich sogar das Essen mit fremden Leuten!

So ein Lokal könnte sich ebenso gut im Zentrum von Brooklyn, Berlin oder Kopenhagen befinden wie hinter einem Misthaufen in Skrea Backe. In so einem Lokal herrscht eine lockere und fast familiäre Atmosphäre. Und es ist einfach cool!

EINE UNVERHOFFTE ENTDECKUNG UND PIZZA IN BROOKLYN

Dann entdeckten wir plötzlich in einem Nebengebäude, das eigentlich mein Atelier

werden sollte, einen Steinofen. Und als wir dann auf einer New York-Reise in Roberta's superhippen Pizzeria in Brooklyn landeten, fügten sich die einzelnen Teile plötzlich zu einem Gesamtbild zusammen. Traum + Projekt + Pizza = Prostens Pizza! Eine witzige Pizzeria, die nur am Wochenende geöffnet hat. Anfangs kamen nur die Nachbarn zu uns, doch bald standen auch pizzahungrige Gäste von weiter weg bei uns Schlange und das Telefon hörte nicht auf zu klingeln. Der Ansturm war beinahe wie bei einem Rockkonzert oder ein bisschen, als wolle man einen Platz im Noma buchen, einem der angesagtesten Restaurants der Welt, in dem es mehr oder weniger unmöglich ist, einen Platz zu bekommen. Es war wirklich wahnsinnig! Aber es macht auch wahnsinnig viel Spaß, Prostens Pizzeria zu betreiben.

FLEISS UND SCHWEISS UND EIN BISSCHEN GLÜCK

Manchmal höre ich Leute träumerisch davon schwärmen, ein kleines Restaurant zu öffnen. Doch was die meisten Leute dabei vergessen, ist die knochenharte Arbeit, die hinter so einem Unternehmen steckt, egal ob klein oder groß. Man übt dabei nämlich viele Berufe gleichzeitig aus: Einkäufer, Buchhalter, Personalchef, Marketingchef, Reinigungskraft, Reservierung, Lieferannahme und Kurier, Kühlschrankreparierer, Menükartenschreiber … Und wenn die Pizzeria dann endlich geöffnet hat, geht es weiter mit Kochen, Kellnern und Geschirrspülen und so weiter und so fort ... Dabei kommen schon reichlich Arbeitsstunden zusammen.

Aber gleichzeitig hat es etwas Belebendes, Wunderbares, wenn das Adrenalin einschießt und man voll bei der Arbeit ist. Und wenn die Gäste kommen und sich wohlfühlen in dem Restaurant, das man exakt

nach den eigenen Wünschen hergerichtet hat. Nachdem man Menüs zusammengestellt, probegekocht und probegegessen hat. Der Stress und die Hetzerei, alle Gerichte genau gleichzeitig an den Tisch zu schicken und die Freude, wenn es dann so perfekt gelaufen ist, wie man sich vorgestellt hat. Wenn es mit der Logistik geklappt hat wie am Schnürchen. Und dann der wunderbare Augenblick, wenn sich die Hektik etwas gelegt hat und man wieder durchatmen kann, ein wenig wie nach einem Rennen oder einem Wettkampf, bei dem man alles gegeben hat – das ist der schönste Moment. Wenn die Gäste gesättigt, schläfrig und mit leuchtenden Augen heimgehen. Das war genau, was uns vorschwebte, als wir beschlossen, eine Wochenendpizzeria auf dem alten Pfarrhof zu eröffnen.

DIE BESTE PIZZA

Fragt man einen Italiener, wie die perfekte Pizza aussehen muss, wird man so viele Antworten bekommen, wie man Leute gefragt hat. Wenn Sie mich und Marcus fragen, dann lautet die Antwort: Mit dünnem, knusprigem Boden – fast, aber nur fast so dünn wie bei einem Elsässer Flammkuchen – mit ein paar herrlichen Luftblasen hier und da. Der Pizzateig wird glatt und gleichmäßig bis zu den Kanten hin ausgerollt oder -gezogen und der Rand wird extra eingefettet, damit er schön braun und knusprig wird und hier und da ein paar winzige angebrannte Stellen hat. Nicht jeder mag solche Kanten, aber ich liebe sie. Ich klappe das gesamte Stück zusammen und esse es wie ein Sandwich – süße Tomaten, geschmolzener Käse, knuspriger Teig und ein leicht angebranntes Aroma in einem Biss ... einfach herrlich!

Das Wichtigste bei dieser Art von Pizza, die aus Rom stammt, ist es, den Teig so hauchdünn auszurollen, dass er kurz vor dem Zerreißen ist. Dafür muss man natürlich den richtigen Teig haben. Er braucht feine Glutenfasern, die das Ganze zusammenzuhalten. Wenn man den Teig ausrollt (ja, wir rollen aus) oder auszieht, müssen Teig und Arbeitsfläche mit reichlich Mehl bestäubt werden. Vor dem Belegen aber muss das überschüssige Mehl gut abgebürstet werden, da es sonst im Ofen verbrennt. Und wie immer (außer bei Pfannenpizza) sollte man mit dem Belag vorsichtig sein. Nimmt man zu viel, wird die Pizza im Ofen nicht knusprig oder zerreißt womöglich schon auf dem Weg dorthin.

Haben Sie sich schon einmal gefragt, warum im Steinofen (oder auf einem Pizzastein) gebackene Pizza soviel knuspriger wird als im normalen Ofen gebacken? Nun, das liegt daran, dass der Teig beim Backen Feuchtigkeit abgibt. Auf einer leicht porösen Unterlage wird die Feuchtigkeit von der Unterlage aufgenommen. Auf einem Backblech bleibt die Feuchtigkeit im Teig und er wird daher weicher und manchmal sogar ziemlich pappig. Natürlich kann man auch in einem gewöhnlichen Ofen gute Pizza machen, aber dafür muss dieser so heiß sein, dass die Feuchtigkeit sofort verdampft.

Die richtige Temperatur ist überhaupt ungeheuer wichtig beim Pizzabacken. Für meine römische Pizza muss der Steinofen mindestens 400 °C heiß sein. Die Hitze wird von einem Holzkohlenfeuer mitten im Ofen erzeugt und von Boden und Wänden des Ofens nochmals zurückgeworfen. Die Pizza verbleibt je nachdem, wie lange der Ofen schon heiß ist, 3–5 Minuten drin. Eine neapolitanische Pizza braucht noch mehr Hitze, bei 500–600 °C ist sie allerdings auch schon nach rund einer Minute fertig.

Da kommt ein normaler Haushaltsofen natürlich nicht mit, doch man kann sich behelfen, indem man einen Ziegel mit

hineinstellt. Man muss den Ofen samt Ziegel jedoch dafür sehr lange auf Höchsttemperatur vorheizen.

EINFACH, ABER PERFEKT!

Ich werde oft gefragt, warum wir nur Pizza servieren. Und ich antworte dann: Was braucht man mehr als Pizza? Um eine Pizza versammelt sich die ganze Familie. Ich liebe die Einfachheit dieser Speise, denn es ist im Grunde nichts als ein Teller in Brotform mit Essen drauf. Aber selbst die simpelste Pizza muss perfekt sein. Pizza mit Tomaten, Käse und Zwiebeln – das klingt so einfach, aber man kann sich auf der Suche nach der perfekten Pizza geradezu in den Wahnsinn treiben. Betrachten wir einmal alle Bestandteile, die zu einer einfachen Pizza Margherita gehören: Welchen Mehltyp soll man nehmen? Welches Teigrezept? Welche Tomatensauce? Welche Tomaten? Welcher Käse? Wann kommt der Käse darauf? Welches ist das beste Basilikum? Wie soll der Teig präpariert werden? Wie sollen die Kanten aussehen? Welche Ofentemperatur? Wann ist eine Pizza fertig? Fragen über Fragen.

KÄSE

Beim richtigen Käse und dem korrekten Umgang damit scheiden sich ebenfalls die Geister. Käse zuerst oder Käse zuletzt? Mozzarella oder eine Mischung verschiedener Sorten? Wir verwenden Büffelmozzarella und eine Mischung aus Grana Padano und Parmesan. Diese Kombination gefällt uns am besten. Außerdem lieben wir die Produkte aus unserer unmittelbaren Umgebung. Manchmal haben wir Glück und finden Sorten aus der näheren Umgebung, die den geeigneten Schmelzpunkt haben. Ein gut gereifter Cheddar oder ein vollmundiger Rohmilch-Rotschmierkäse kann auf einer Pizza ganz unvergleichlich wunderbar schmecken. Testen Sie sich einfach durch!

BACKEN

Wir machen unsere Pizza so, wie wir (und unsere zahlreichen Gäste) es mögen. Aber wir halten uns dabei nicht an irgendwelche Richtlinien und Regeln. Wir hatten schon viele Gäste aus Italien und waren dann natürlich jedes Mal ziemlich nervös. Aber sie sind alle zufrieden und des Lobes voll vom Tisch aufgestanden und wir konnten erleichtert ausatmen.

So backen wir unsere Pizza: Den Teig in etwas feinem Mehl wenden und auch die Arbeitsfläche mit Mehl bestäuben. Den Teig dünn ausrollen. Den Teig dabei mehrmals umdrehen und immer wieder mit Mehl bestäuben, damit er sich gut hantieren lässt und später im Ofen nicht am Boden anklebt.

Versuchen Sie, nicht allzu viel Mehl in den Teig mit einzurollen, denn dadurch wird er trocken und pappig. Und machen Sie das Ganze mit Gefühl, denn mit zu viel Druck zerreißen die Glutenfasern, die das Ganze zusammenhalten. Und wenn Sie denken, dass der Teig nun dünn genug ist, rollen Sie noch einmal darüber!

Vor dem Belegen das überschüssige Mehl abklopfen. Achten Sie jedoch darauf, dass sich der Teigfladen leicht auf der Arbeitsfläche hin- und herschieben lässt und gut auf den Ofenschieber gleitet. Immer nur so viele Pizzen fertigstellen, die gleichzeitig in den Ofen passen (siehe unten).

SHARING IS CARING!

Für mich ist Pizza ein Gericht, das unmittelbar, nachdem es aus dem Ofen kommt, in Schnitze zerteilt und gegessen wird. Pizza soll so heiß sein, dass man beim Geruch des heißen Belags nach Luft schnappen muss und sich trotzdem nicht verkneifen kann, direkt hinein zu beißen. Und vor allem ist Pizza etwas, das man zusammen mit anderen isst, denn „sharing is caring."

Pizza kann man nicht im Vorwege zubereiten – sie muss unmittelbar nach dem Belegen in den Ofen. Daher kann man immer nur ein oder zwei auf einmal machen – und wenn man allzu lange mit dem Essen wartet, werden sie kalt. Daher ist es das Natürlichste von der Welt, schon einmal gemeinsam mit dem anzufangen, was auf dem Tisch steht!

UNSERE BESTE TOMATENSAUCE

Eine der allerwichtigsten Zutaten einer guten Pizza ist nun einmal die Tomatensauce, und wir haben wirklich alles umgekrempelt, um das beste Rezept zu finden. Unserer Meinung nach ist diese kaltgerührte Sauce die beste Variante. Dafür braucht man vor allem die hochwertigsten Tomatenkonserven, die man finden kann. Etwas geriebener Grana Padano oder Parmesan sorgt für eine gute Konsistenz und genau den richtigen Salzgehalt – kurz und gut, unsere Sauce ist eine runde Sache!

Ca. 400 ml (für 8 Pizzen)
Ca. 10 Minuten

400 ml stückige Tomaten aus der Dose
2 EL Tomatenmark
2–3 Knoblauchzehen, gerieben
100 ml Basilikum, fein gehackt
150 ml fein geriebener Grana Padano oder Parmesan
Salz und frisch gemahlener schwarzer Pfeffer

Alle Zutaten im Mixer glattrühren. Ordentlich salzen und pfeffern – die Sauce soll kräftig sein, denn man verwendet sie schließlich auf der Pizza nur sehr sparsam! Wenn etwas übrigbleibt, kann man das prima bis zum nächsten Mal einfrieren.

Das Mehl für Pizza muss sehr fein sein – in Italien hat es die Typenbezeichnung „tipo 00".

JAN HEDHS PIZZATEIG

Wir beziehen unseren Pizzateig inzwischen von einer Steinofenbäckerei hier aus der Gegend, das hat sich für uns bewährt. Er wird mit feinem Spezial-Weizenmehl hergestellt, das ein wenig mehr Gluten enthält. Für den Hausgebrauch jedoch kann ich dieses Rezept des Meisterbäckers Jan Hedh aus Malmö nur aus vollstem Herzen empfehlen!

Für 4 Pizzen

Vorteig
25 g Hefe
75 ml Wasser
75 g Mehl mit hohem Proteingehalt, gerne Vollkornmehl

Teig
325 g feines Weizenmehl
175 ml Wasser
½ EL (10 g) Meersalz

1) Die Hefe in dem Wasser auflösen und mit dem Mehl zu einem glatten Teig verrühren. Mit Frischhaltefolie abdecken und 1 Stunde bei Zimmertemperatur gehen lassen.

2) Mehl, Wasser und den Vorteig im Mixer 13 Minuten lang auf niedrigster Stufe durchkneten. Das Salz zugeben, die Geschwindigkeit hoch schalten und nochmals 7 Minuten kneten. Der Teich soll weich und elastisch sein.

3) Den Teig auf einer bemehlten Arbeitsfläche in 4 Teile teilen und zu elastischen Kugeln rollen. Mit einem Küchenhandtuch bedeckt auf die doppelte Größe aufgehen lassen (das dauert ca. 2 Stunden). Nun kann der Teig verarbeitet werden.

GHOST OF THE NAVIGATOR

4 Pizzen

Geräucherte Zwiebeln
4 kleine rote Zwiebeln
Olivenöl
Salz und frisch gemahlener schwarzer Pfeffer

Salzmandeln
50 g Mandeln
½ TL Salz
1 TL Wasser

Rhabarberkaramell
100 g geputzter, fein gehackter Rhabarber
200 g Zucker
½ – 1 fein gehackte Chilischote
100 ml Wasser
1 EL Rotweinessig

200 g geputzte Nesseln und Giersch
Öl und Butter zum Dünsten
2 Knoblauchzehen
Salz

4 Teigportionen (je ca. 170 g, s. S. 73)
200 ml Crème fraiche
250 g Büffelmozzarella
12 Scheiben Räucherspeck (ca. 1 mm dünn)
400 ml grob geraspelter Parmesan oder Grana Padano

Marcus liebt die Heavy Metal-Gruppe Iron Maiden, und daher haben wir unsere Pizzen nach deren Songs benannt.

Wir haben immer auch eine Pizza Bianco auf dem Menu, also ohne Tomatensauce. In Italien nimmt man statt der Tomatensauce nur Olivenöl, aber wir haben uns vom Elsass inspirieren lassen – auf unsere Version kommt eine dünne Schicht Crème Fraiche und zum Beispiel ein Belag aus Crème Fraiche, gedünsteten Zwiebeln, fein gehacktem Speck oder Pancetta, etwas Thymian, fein gehacktem rohen Grünkohl, Büffelmozzarella und geriebenem Gruyère. Unglaublich lecker!

1) Den Ofen reichlich vor der Backzeit auf 300 °C vorheizen, möglichst mit Pizzastein darin. Sonst das Backblech im Ofen lassen, damit es richtig heiß wird.

2) Die Zwiebel in Schnitze zerteilen. Reichlich Olivenöl, Salz und Pfeffer in eine ofenfeste Form geben und die Zwiebeln darin schwenken. Bei 120 °C etwa 1 Stunde im Smoker räuchern. Wenn man den Rauchgeschmack noch kräftiger mag, kann man eine Kräutermischung mit Rauchgeschmack zugeben, aber es ist hier vor allem der natürliche Rauch, der für das Aroma sorgt.

3) Die Mandeln mit dem Salz in der trockenen Pfanne goldbraun rösten und dann mit dem Wasser übergießen. Weiterrösten, bis das Wasser verdunstet ist und sich eine Salzkruste auf den Mandeln gebildet hat. Auf ein Brett schütten und grob hacken.

4) Alle Zutaten für den Rhabarberkaramell in einem Topf einkochen, bis die Flüssigkeit eine glatte karamellartige Konsistenz hat.

5) Nesseln und Giersch abspülen und die groben Stiele entfernen. Auf Küchenpapier abtropfen lassen. Den Knoblauch fein hacken und zusammen mit dem Kraut ein paar Minuten in dem heißen Olivenöl dünsten. Salzen.

6) Die Pizza wird nach der Anleitung auf Seite 70 zubereitet. Zuerst eine dünne Schicht Crème Fraiche auf die Pizza geben. Darauf den zerpflückten Mozzarella, das gedünstete Kraut und die geräucherten Zwiebeln verteilen. Zuletzt den in feine Streifen geschnittenen Räucherspeck in dem Rhabarberkaramell wenden, auf die Pizza geben und das Ganze mit geriebenem Parmesan bestreuen.

7) Die Pizzen nacheinander je 5–10 Minuten backen. Sie sollen vor allem an den Kanten eine schöne Farbe haben. Mit gehackten Mandeln bestreuen und sofort servieren.

KAVIARPIZZA

Der beste Kaviar für diese Pizza ist meiner Meinung nach der schwedische Maränenkaviar der Marke Kalix. Andere Sorten gehen natürlich auch. Ich lasse meinen Kaviar vorher ca. 30 Minuten lang in einem Kaffeefilter abtropfen. Wenn der von Ihnen gewählte Kaviar bereits trocken genug ist, kann man diesen Schritt auch überspringen.

4 kleine Pizzen

4 Teigstücke à 85 g (siehe Seite 73)
250 ml Crème Fraiche
½ rote Zwiebel, fein gehackt
100 ml Schnittlauch, fein gehackt
100 ml gezupfter Dill
ca. 150 ml abgetropfter Kaviar
Meersalz und frisch gemahlener schwarzer Pfeffer
½ unbehandelte Zitrone in Schnitzen

1) Den Ofen reichlich vor der Backzeit auf 300 °C vorheizen, nach Möglichkeit mit einem Pizzastein darin. Sonst das Backblech im Ofen lassen, damit es richtig heiß wird.

2) Die Pizza wird nach der Anleitung auf Seite 70 zubereitet.

3) Eine dünne Schicht Crème Fraiche auf die Pizza geben und diese ca. 5 Minuten backen, bis sie vor allem an den Kanten eine schöne Farbe hat. Die Pizzen sind hier so klein, dass eventuell zwei in den Ofen passen.

4) Die Pizza aus dem Ofen nehmen und sofort mit Kaviar, Zwiebeln, Schnittlauch und Dill belegen. Salz und Pfeffer darüber streuen und sofort servieren.

NO MORE LIES

Nduja ist eine teuflisch scharfe Salami aus Kalabrien, deren Fleisch so weich ist, dass man es beinahe streichen kann. Da man Ndjua natürlich nicht immer so ohne Weiteres bekommt, finden Sie hier eine einfache Alternative zum Selbermachen (ohne Lufttrocknen und Lagerung). Wir haben uns dabei auch mit dem Chili sehr zurückgehalten – die endgültige Dosis bleibt dabei völlig Ihnen überlassen!

4 Pizzen

Nduja-Teig
300 g Schweinehack
100 g fein durchgedrehter Speck
50 ml Rotwein
2 EL Olivenöl
2 Knoblauchzehen, fein gerieben
1 TL Fenchelsamen, im Mörser zerstoßen
2 EL geräucherte Paprika
2–3 TL scharfe Chiliflocken
2 TL Salz

Knoblauchöl
2 Knoblauchzehen
50 ml Olivenöl
1 Prise Salz

4 Teigportionen (je ca. 170 g, s. S. 73)
400 ml Tomatensauce (Rezept siehe Seite 73)
250 g Büffelmozzarella
2 Zwiebeln
16 Kirschtomaten
Ca. 320 g Nduja-Teig (siehe Rezept oben)
400 ml grob geriebener Parmesan oder Grana Padano
Frischer Oregano
Rucolablätter

1) Den Ofen reichlich vor der Backzeit auf 300 °C vorheizen, nach Möglichkeit mit einem Pizzastein darin. Sonst das Backblech im Ofen lassen, damit es richtig heiß wird. Alle Zutaten für den Nduja-Teig außer dem Salz im Mixer zu einem glatten Teig verarbeiten. Erst dann das Salz zugeben und nochmals gut mischen, bis der Teig gut zusammenhaftet.

2) Knoblauch, Öl und Salz gründlich im Mixer verrühren.

3) Die Pizza wird nach der Anleitung auf Seite 70 zubereitet. Eine dünne Schicht Tomatensauce auf der Pizza verstreichen, darüber die Mozzarella und esslöffelgroße Portionen des Nduja-Teiges geben. Mit Knoblauchöl beträufeln und mit Zwiebelringen und halbierten Kirschtomaten belegen. Zuletzt den geriebenen Hartkäse darüber streuen.

4) Die Pizzen nacheinander je 5–10 Minuten backen. Sie sollen vor allem an den Kanten eine schöne Farbe haben. Keine Angst vor leicht angebrannten Kanten, sie geben der Pizza Geschmack und Charakter! Mit frischem Rucola und Oregano garnieren und sofort servieren. Die restlichen Pizzen nacheinander backen.

Ein Steinofen wird mit Holz befeuert. Über die Holzart scheiden sich die Geister, wir verwenden jedenfalls Birkenholz. Das verbrennt nicht zu schnell und intensiv, sondern hält den Ofen lange heiß. Aber wir experimentieren gern mit zusätzlichen Holzsorten, die ein ganz eigenes Aroma beisteuern. Das bilden wir uns jedenfalls ein …

No more lies →

PASCHENDALE

Eine Pizza, die durch Zufall entstand und inzwischen bei unseren Gästen ein ausgesprochener Renner ist. Wenn wir etwas gefunden haben, auf das wir selber Appetit haben, kommt es sofort ins Menü und wird meist ebenso schnell zum Verkaufsschlager. Die vielen Zutaten klingen vielleicht etwas verrückt, aber diese Pizza ist einfach himmlisch lecker. Die braune Butter ist dabei das Tüpfelchen auf dem i! Krebsschwänze sollte man beim Fischhändler bestellen.

4 Pizzen

8–12 rohe Krebsschwänze
1 Knoblauchzehe, fein gerieben
abgeriebene Schale von ½ Zitrone
1 EL Olivenöl
Salz und frisch gemahlener schwarzer Pfeffer

4 Teigportionen (je ca. 170 g, s. S. 73)
400 ml Tomatensauce (Rezept siehe Seite 73)
250 g Büffelmozzarella
2 Zwiebeln
400 ml grob geriebener Parmesan oder Grana Padano

½ Zitrone
1 Stück frischer Meerrettich
50 g braune Butter (siehe Seite 186)
Frischer Dill und Spinat

1) Den Ofen reichlich vor der Backzeit auf 300 °C vorheizen, nach Möglichkeit mit einem Pizzastein darin. Oder Backblech mit aufheizen.
Die Krebsschwänze putzen und schälen und mit Knoblauch, Zitronenschale, Olivenöl, Salz und Pfeffer ca. 30 Minuten marinieren.

2) Die Pizza wie auf Seite 70 beschrieben zubereiten. Eine dünne Schicht Tomatensauce auf der Pizza verstreichen, darüber die zerpflückte Mozzarella geben.
Mit Zwiebelringen und marinierten Krebsschwänzen belegen und mit geriebenem Hartkäse bestreuen.

3) Die Pizzen nacheinander je 5–10 Minuten backen. Sie sollen vor allem an den Kanten eine schöne Farbe haben. Mit Zitronenschale und geriebenem Meerrettich garnieren, die braune Butter drüber träufeln und mit reichlich frischem Dill und Spinat garnieren. Sofort servieren und die restlichen Pizzen nacheinander backen.

RICOTTA-MANDELPIZZA MIT ZIMTÄPFELN

Eine Dessertpizza muss nicht so braun werden wie eine normale Pizza – und außerdem wird sie ja erfahrungsgemäß erst später am Abend zubereitet, wenn der Ofen nicht mehr ganz so heiß ist. Ich serviere diese nach Äpfeln und Karamell duftende Köstlichkeit mit einer Kugel Vanilleeis – und dazu vielleicht ein Gläschen schwedischen Apfelbrand.

2 Pizzen à 6 Portionen

200 ml fein geriebenes Marzipan
200 m Ricotta
3–4 säuerliche Äpfel, in Schnitzen
25 g Butter
100 g Rohrzucker
1 EL Zimt

2 Teigportionen (je ca. 170 g, s. S. 73)
100 ml Mandeln, grob gehackt
Geriebene weiße Schokolade zum Bestreuen
Vanilleeis zum Servieren

1) Den Ofen reichlich vor der Backzeit auf 300 °C vorheizen, nach Möglichkeit mit einem Pizzastein darin. Sonst das Backblech im Ofen lassen, damit es richtig heiß wird. Das Marzipan mit etwas Ricotta verrühren, dann den Rest dazu geben. Die Äpfel schälen und in Schnitze teilen und mit dem Zucker in der heißen Butter weich dünsten. Mit Zimt abschmecken.

Paschendale

2) Die Pizza wie auf Seite 70 beschrieben zubereiten. Eine Dessertpizza darf übrigens ruhig einen etwas dickeren Boden haben.

3) Etwa 2/3 der Ricottamasse auf dem Pizzaboden verstreichen und die Apfelschnitze darüber verteilen. Dann den Rest der Ricotta und die karamellige Bratflüssigkeit aus der Pfanne darüber geben. Mit Mandeln bestreuen und auf der mittleren Ofenschiene ca. 5 Minuten backen, bis der Boden etwas Farbe bekommt. Eventuell kann man auch beide Pizzen zusammen backen. Mit Vanilleeis servieren.

PROSTENS CAPRICCIOSA

Dies ist eine meiner absoluten Favoriten. Allerdings kann eine Capricciosa je nach Zubereitung entweder fantastisch oder absolut gruselig schmecken! Wir haben unsere Variante erst nach Mengen von in Italien verzehrten Capricciosas und ausgedehntem Probebacken zu Hause ins Menü aufgenommen. Der besondere Clou dabei ist übrigens das rohe Eigelb, das ganz zum Schluss auf die heiße Pizza geträufelt wird!

4 Pizzen

3 große Zwiebeln
Butter und Olivenöl zum Braten
1 Prise Zucker
Salz
300 g Austernseitlinge oder andere Pilze
2–3 große Knoblauchzehen
200 g Frühstücksspeck, Pancetta oder gepökelter Schinken (gern luftgetrocknet)
Frisch gemahlener schwarzer Pfeffer
4 Pizzateigportionen (je ca. 170 g, s. S. 73)
400 ml Tomatensauce (Rezept siehe Seite 73)
250 g Büffelmozzarella
400 ml grob geriebener Parmesan oder Grana Padano
4 Eigelbe
Frische Rucolablätter

1) Den Ofen reichlich vor der Backzeit auf 300 °C vorheizen, nach Möglichkeit mit einem Pizzastein darin. Sonst das Backblech im Ofen lassen, damit es richtig heiß wird.

2) Die Zwiebel in Ringe schneiden und in der Butter und dem Olivenöl mit einer Prise Zucker und etwas Salz langsam karamellisieren, dann herausnehmen und beiseite stellen. Pilze, Knoblauch und Speck in dünne Streifen schneiden. Die Pilze in der Pfanne schmoren und den Knoblauch ziemlich zum Schluss dazu geben, damit er nicht anbrennt. Salzen und pfeffern.

3) Die Pizza wird nach der Anleitung auf Seite 70 zubereitet. Eine dünne Schicht Tomatensauce auf der Pizza verstreichen, darüber die zerpflückte Mozzarella geben. Gleichmäßig mit Zwiebeln, Pilzen und Speck belegen und mit Pfeffer würzen. Zuletzt den geriebenen Hartkäse darüber streuen.

4) Die Pizzen nacheinander je 5–10 Minuten backen. Sie sollen vor allem an den Kanten eine schöne Farbe haben. Ein Eigelb leicht verquirlen und die frisch aus dem Ofen genommene Pizza damit beträufeln. Mit frischer Rucola garnieren und sofort servieren. Die restlichen Pizzen nacheinander backen.

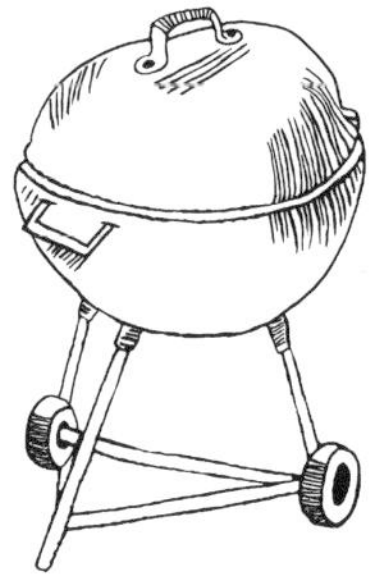

Grillen

Einer der Vorteile an meiner Art zu leben ist der Umstand, dass ich mehr als genug Platz für jede Menge Kram habe. Doch, doch, wirklich! Wenn es jedoch ums Grillen geht, dann bin ich schon der Ansicht, dass man dafür nicht viel Ausrüstung braucht. Es geht dabei vorrangig um Feuer, Glut und nicht zuletzt Rauch. Natürlich habe ich selbst auch im Laufe der Jahre einen Haufen von Grillutensilien angeschafft. Aber wenn ich ganz ehrlich bin – mehr als einen anständigen Kugelgrill mit dicht schließendem Deckel braucht man für die meisten Sachen eigentlich gar nicht.

Garen im Rauch statt Grillen gefällt mir jedoch noch besser. Ich selbst besitze einen über zehn Jahre alten Smoker, der ein wenig wie R2-D2 aussieht, und einen nigelnagelneuen Bradley-Smoker. Eine Monstermaschine, die ganz einfach fantastisch ist! Heute gibt es eine Riesenauswahl von solchen Smokern. Ich bevorzuge eigentlich Holzkohle und Briketts, aber inzwischen benutze ich auch einen wunderbar einfach zu handhabenden Gas-Smoker. Er lässt sich leicht justieren und verdirbt einem doch nicht die Freude am Grillen, da man hier die Gartemperatur mithilfe von Wasser und aromatischen Holzspänen regelt – und er liefert natürlich das Wichtigste, den Rauch!

Ich werde oft gefragt, was eigentlich der Unterschied zwischen Grillen und Barbecue ist. Das verhält sich ungefähr so: Grillen ist eine schnelle Methode, Essen direkt über der Glut zuzubereiten und man braucht dafür keinen Grill mit Deckel. Grillen kann man Burger, Wurst, Fisch und sogar Frikadellen und Gemüse. Für ein Barbecue braucht man mehr Zeit und vor allem Rauch. Das Grillgerät hat dabei immer einen Deckel, denn hier wird das Grillgut langsamer und bei niedrigeren Temperaturen gegart. Das Wichtige ist dabei der Rauch, der durch die Garkammer und dann durch einen Schornstein nach draußen geleitet wird. Man kann auch einen gewöhnlichen Kugelgrill mit Deckel verwenden, bei dem die Glut an die Seiten der Grillkammer geschoben wird. Wichtig ist, dass sich die Glut nicht direkt unter dem Grillgut befindet. Gegrillt wird über gewässerten Räucherspänen, Zweigen aus dem Garten oder auch Wacholderzweigen oder holzigen Kräutern.

Vielleicht liegt es daran, dass ich durch all das Multitasking auf unserem Anwesen kaum noch Zeit dafür habe, eine Sache zur Zeit zu machen, aber ich bin inzwischen vom einfachen Grillen zum langsamen „Smoken“ übergegangen. Solange man dabei die Temperatur im Auge behält, erledigt sich das Essen zubereiten nämlich fast von selbst.

Und vor allem schmeckt es durch das langsamere Garen und den aromatischen Rauch noch besser!

Beim Grillen und Smoken gilt wie gewöhnlich, dass wir alle einmal klein angefangen haben. Man muss es einfach versuchen und sich dann langsam vortasten – und wenn dabei ein Missgeschick passiert, lernt man daraus! Und glauben Sie mir, wenn Sie dann eines Tages das perfekte Fleischstück mit dem perfekten Geschmack hervorgezaubert haben, dann sind all die missglückten Versuche, all der eingeatmete und ausgehustete Rauch und die ganze Frustration mit einem Schlag vergessen!

AUF DIE RICHTIGE QUELLE KOMMT ES AN

In den letzten Jahren ist die Verfügbarkeit von nützlicher Information zum Thema Grillen und Smoken beinahe explosionsartig angewachsen. Das Internet ist eine unerschöpfliche Quelle für Ratsuchende, und es gibt viele neue Bücher darüber. Es gibt Kurse online oder offline. Kickstarten Sie die neue Grillsaison doch einmal mit einem Barbecue-Kurs!

DAS ZÜNDENDE BEIWERK

Es ist eine gute Idee, zum Anzünden der Glut Sturmstreichhölzer zu verwenden. Damit gelingt es in Windeseile, eine schöne Gut anzufachen. Der Brennstoff muss dafür auf einer feuerfesten Unterlage stehen. Damit kann man während eines langen Garvorgangs auch frische, glühende Kohle nachlegen. Denn wenn man einfach nur frische Kohle nachschüttet, können sich dadurch giftige Dämpfe entwickeln. Wenn ich mein Grillgut nicht direkt über dem Feuer gare, verwende ich gern Briketts. Manche machen dabei den Fehler, viel zu viele Briketts zu verwen-

den. Wenn man nur eine relativ kleine Menge grillt, braucht man nur wenig Kohle, vor allem, wenn man wie ich einen Kugelgrill verwendet. Behalten Sie die Glut im Auge und schließen, wenn möglich, den Deckel – aber das hängt ja vor allem davon ab, was Sie grillen. Wenn das Grillen lange dauert, beginnen Sie mit einem kleinen Haufen Glut und fügen dann nach und nach mehr Glut dazu. Durch zu viele Briketts auf einmal wird der Grill zu heiß!

AUSRÜSTUNG UND ABKÜRZUNGEN

Wenn sie schneller von Punkt A (tierischen Appetit auf Gegrilltes) nach Punkt B (gegrilltes Fleisch, fertig zum Anbeißen) gelangen wollen, gibt es ein paar clevere Abkürzungen. Zum Beispiel können Sie Ihren Lieblings-Rub schon im Vorwege zubereiten – und dann in so großer Menge, dass er den ganzen Sommer über reicht. Ein „Rub" ist eine Trocken-Marinade, mit der man das Grillgut am besten schon ein paar Stunden vorher einreibt. Eine trockene Gewürzmischung hält sich (in einem dunklen, luftdichten Gefäß aufbewahrt) wesentlich länger als eine Marinade. Und man kann ihn durch Zusetzen von Flüssigkeit (z. B. Öl, Fruchtsaft, Tomatensaft, Wein oder Bier) später in eine Marinade verwandeln, wenn man will.

Ich habe gern eine ganze Reihe davon im Küchenschrank und ebenso eine Sammlung meiner Lieblingssaucen. Da das Grillen inzwischen derart beliebt ist, gibt es auch immer mehr wunderbare Barbecue-Saucen fertig zu kaufen, man braucht sich wirklich kaum noch die Mühe zu machen, diese selbst anzurühren. Testen Sie sich zu Ihren Lieblingssorten durch und legen sich dann einen Vorrat an! Wenn Ihnen der Sinn nach etwas Besonderem steht und Sie, wie ich, auf dem Acker wohnen oder der Supermarkt um

die Ecke nichts Gescheites im Sortiment hat, dann schauen Sie doch mal im Internet nach. Sie werden staunen, was man da alles findet.

Wie gesagt habe ich zum Grillen für den Hausgebrauch nicht übermäßig viel Ausrüstung. Doch zum Smoken empfiehlt sich die Anschaffung eines guten Fleischthermometers – und man sollte dabei wirklich auf keinen Fall am falschen Ende sparen! Auch ein paar hochwertige Handschuhe sollten nicht fehlen (heute kann man damit beinahe glühende Kohle anfassen). Und eine sehr langstielige Grillzange macht das Leben ebenfalls um Längen leichter!

Zu einem zünftigen Barbecue-Abend gehören außerdem ein bequemer Stuhl und die richtige Playlist auf der Anlage! Ganz waschechte Hardcore-Grillexperten stellen natürlich ihre eigene Holzkohle her und brauchen dafür ein Lager von Spezialhölzern und eine hochwertige Axt. Respekt!

Appetit auf eigenen Schinkenspeck?
Auf Seite 57 sehen Sie, wie es gemacht wird.

TWO WAYS-EISBEIN

Direkt nach dem Backen im Ofen gegrilltes Eisbein schmeckt am besten. Wenn man es vorher im Kühlschrank lagern musste, kann man es jedoch vorsichtig am Rand des Grills oder im Ofen aufwärmen, bevor es mit der Glasur eingepinselt wird.

4 Portionen
Ca. 6 Stunden + 20 Minuten

2 große Eisbeine (je ca. 1,5 kg)
1 Zwiebel
2 Knoblauchzehen
1 Dose (0,33 L) helles Bier (Lager)
Glasur nach Geschmack

Trocken-Marinade
4 EL geräucherter Paprika
2 EL Koriander
2 EL Kreuzkümmel
1 TL Cayennepfeffer
2 EL Zucker
2 TL frisch gemahlener schwarzer Pfeffer
2 EL Salz

1) Den Ofen auf 150 °C vorheizen. Das Eisbein mit einem kleinen Messer rundherum mehrmals tief einschneiden und gründlich mit der Trocken-Marinade einreiben.

2) Die Zwiebel in Schnitze zerteilen und den Knoblauch pressen. Das Eisbein in eine ofenfeste Form legen und Zwiebel und Knoblauch drum herum verteilen. Das Bier dazu gießen und die Form mit Folie abdecken. Das Fleisch auf der unteren Ofenschiene garen, bis es sich mit der Gabel von den Knochen lösen lässt (das dauert ca. 5–6 Stunden).

3) Das Fleisch aus dem Ofen nehmen und mit Glasur einpinseln. Dann auf dem Grill rundherum knusprig grillen. Dabei mehrmals mit der Glasur einpinseln, bis die Kruste herrlich klebrig-karamellig-knusprig wird!

LECKER RIPPCHEN

Rippe, meist vom Schwein, unterteilt man in dicke Rippe und Schälrippchen (auf Englisch spare ribs). Die dicke Rippe sitzt unterhalb von Nacken und Schulter und ist sehr fleischig. Bei den Rippchen ist das Verhältnis von Fleisch und Knochen etwa gleich.

RUB ODER MARINADE?

Trockene Rippchen, „dry ribs“, werden mit einer Trocken-Marinade (einem Rub) eingerieben und relativ zügig (etwa 1 Stunde lang) direkt über der Glut gegrillt und dabei oft gewendet. Sie sind herrlich rösch und knusprig. Dafür sind Schälrippchen am besten geeignet. Damit sie während des Grillens nicht anbrennen, werden sie mehrmals mit einer Mischung aus Wasser und Weißwein- oder Apfelessig zu gleichen Teilen eingepinselt.

Die so genannten „wet ribs“ dagegen werden sehr langsam auf indirekter Hitze gegart (die Glut befindet sich an den Seiten des Grills). Direkt unter dem Grillgut steht ein Gefäß zum Auffangen der abtropfenden Flüssigkeit. Das Fleisch wird vor dem Garen mehrere Stunden in eine Marinade eingelegt. Geben Sie während der ersten 45 Minuten ein paar Räucherspäne Ihrer Wahl mit auf die Glut und schließen dann den Deckel. Danach wird das Fleisch je nach Dicke der Rippen noch 4–5 Stunden auf indirekter Hitze weiter gegart. Zwischendurch glühende Kohlen nachfüllen, wenn nötig. Wenn sich das Fleisch von den Knochen zu lösen beginnt, sind die Rippchen fast fertig. Nun mit Barbecue-Sauce einpinseln und ein paar Minuten auf die direkte Glut legen, damit sich eine schöne klebrige, karamellige Kruste bildet. Gern mehrmals wenden und einpinseln! Hierfür eignet sich Dicke Rippe sehr gut.

Lecker auf Schweinerippchen:

- *Kirsch–Glasur*
- *Apfel–Glasur*
- *Geräucherter Paprika (Trockenmarinade)*
- *Selleriesamen (Trockenmarinade)*
- *Senf in Glasur und Marinade*

TROCKEN-GEPÖKELTE RIPPCHEN

Richtig oberlecker werden Rippchen, wenn man sie vorher trockenpökelt. Dadurch bekommt das Fleisch nicht nur einen guten Grundsalzgehalt, sondern wird auch sehr zart. Danach kann man die Rippchen entweder grillen oder im Ofen garen. Die Trockenmarinade oder Glasur dabei nicht vergessen! Nach dieser Methode kann man übrigens auch Schweinebauch oder ein ganzes Schweinekarree pökeln.

100 g Flockensalz
100 g Zucker
1,5 kg Dicke Rippe

1) Salz und Zucker mischen. Vor dem Pökeln die dünne Haut über den Rippen entfernen: Mit einem scharfen Messer an einer Ecke abtrennen und dann per Hand abziehen.

2) Die Zucker-Salzmischung gut in das Fleisch einmassieren. Das Fleisch in einer Plastiktüte mindestens 6 Stunden lang oder besser über Nacht in den Kühlschrank legen.

3) Das Fleisch gut abspülen und mit der Marinade Ihrer Wahl würzen und dann grillen oder backen. Die Glasur kurz vor dem Ende der Garzeit nicht vergessen, denn dadurch bekommen die Rippchen erst ihren wunderbar süßlich-klebrigen Charakter!

Diese Köstlichkeit hier brauchte schon ihre Zeit, um fertig zu werden. Aber falls Sie es einmal gar nicht erwarten können, bis Sie sich endlich den Bauch mit herrlich klebrigen Rippchen und knusprigen Chips vollschlagen können, finden Sie rechts ein paar nützliche Tipps!

BARBECUE-OCHSENBRUST MIT FRITTIERTEN KRABBENCHIPS UND HOISINSAUCE

4-6 Portionen
Ca. 7 Stunden

800 g gepökelte Ochsenbrust
1 Portion Trocken-Marinade (siehe Seite 97)
Räucherspäne, z. B. Mesquite oder Apfel (oder Holz von einer anderen Obstsorte)

Glasur
1 Chipotle-Chili
200 ml Hoisin-Sauce
50 ml Weißweinessig
½ EL grob gemahlener schwarzer Pfeffer
½ TL Salz
2 TL Zwiebelpulver
½–1 TL Cayennepfeffer
1 ½ EL Speiseöl

Eingelegte rote Zwiebeln
1 große rote Zwiebel
Saft von 1 großen Limette
1 Prise Salz

Zum Servieren
4 Frühlingszwiebeln
Frittierte Krabbenchips
Hoisin-Sauce
Eingelegte rote Zwiebel
Frischer Koriander (Cilantro)

1) Das Fleisch mit der Trocken-Marinade einreiben und ruhen lassen, während der Grill angeheizt wird. Einen Deckelgrill verwenden. Die Räucherspäne in Wasser einlegen und dann auf die Glut geben. Die Glut zu den Kanten hin schieben, sodass das Grillgut nicht direkt darüber zu liegen kommt. Einen feuerfesten Behälter (z. B. aus Aluminium) mit Wasser oder Bier füllen und in die Mitte zwischen die Glut stellen.

2) Das Fleisch über den Behälter mit der Flüssigkeit auf den Grill legen und den Grilldeckel schließen. Etwa 3 Stunden lang bei niedriger Temperatur smoken, dabei etwa alle 40 Minuten Räucherspäne und, wenn nötig, glühende Kohlen nachlegen.

3) Das Fleisch vorsichtig vom Grill nehmen, in Aluminiumfolie einwickeln und wieder auf den Grill legen, bis sich das Fleisch mit der Gabel zerpflücken lässt (etwa 3–4 Stunden). Inzwischen die Glasur zubereiten: Die Chilischote in der heißen, trockenen Pfanne rösten, bis sie braun wird und leicht zu knacken beginnt. Dann mit den übrigen Zutaten in einem Stieltopf einkochen (das dauert etwa 5 Minuten). Abkühlen lassen und die Chipotle herausnehmen.

4) Das Fleisch aus der Folie nehmen, mit der Glasur einpinseln und noch 30 Minuten weiter grillen, bis sich eine schöne karamellisierte Kruste gebildet hat.

5) Das Fleisch in Portionen teilen und mit frittierten Krabbenchips, Hoisin-Sauce, frischen und eingelegten Zwiebeln und frischem Koriander servieren.

Eingelegte Zwiebeln
Die Zwiebeln in dünne Ringe schneiden und in eine Schüssel geben. Mit dem Limettensaft übergießen und die Zwiebeln darin wenden, bis sie weich zu werden beginnen. Dann salzen und ca. 30 Minuten stehen lassen.

Frittierte Krabbenchips
Krabbenchips (Krupuk) finden Sie im Asien-Export oder in gut sortierten Supermärkten. Je 2–3 Chips auf einmal ein paar Minuten lang in heißem Öl frittieren, bis sie sich leicht aufplustern und knusprig geworden sind. Sie sollen nicht braun werden.

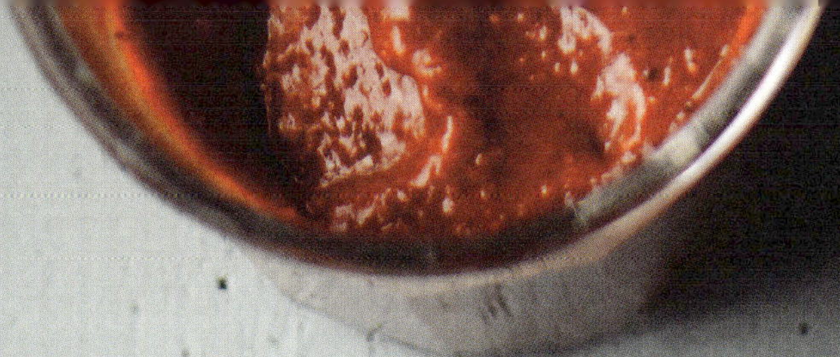

BARBECUE-SAUCE MIT FEUER

Eine richtig gute Barbecue-Sauce kann man sowohl als Glasur zum Grillen verwenden als auch hinterher zum Würzen. Diese hier hat genau die richtige Kombination von Süße und Schärfe und ist ein echter Allrounder: für klassische Barbecue-Gerichte so lecker wie mit Huhn, Ochsenbrust und Rippchen.

Ca. 500 ml
Ca. 20 Minuten

40 g frischer Ingwer
1 große Zwiebel
2 Knoblauchzehen
1 EL ganze gelbe Senfkörner
1 ganze Chipotle-Chili
Öl zum Dünsten
100 ml Apfelessig
400 g säuerliche Äpfel, z. B. Gravensteiner oder Braeburn
100 g Rohrzucker
200 ml Hoisin-Sauce
100 ml Ketchup
Salz und frisch gemahlener schwarzer Pfeffer

1) Den Ingwer schälen. Ingwer, Zwiebel und Knoblauch fein hacken. Mit den Senfkörnern und der Chipotleschote in einem Topf glasig dünsten, dann den Essig zugeben und aufkochen lassen. Die Äpfel schälen und grob hacken und zusammen mit Rohrzucker, Hoisin-Sauce und Ketchup in den Topf geben.

2) Aufkochen lassen, Deckel auflegen und auf etwa die Hälfte einkochen lassen (das dauert 10–15 Minuten). Gelegentlich umrühren. Mit Salz und Pfeffer abschmecken.

3) In ein sauberes Glas mit Deckel geben. Die Sauce kann kalt oder warm serviert werden und hält sich im Kühlschrank mindestens 2–3 Wochen lang frisch.

COLE SLAW MIT GRÜNEM CHILI

4 Portionen
20 Minuten + 30 Minuten Marinierzeit

500 g Weißkohl
1 Zwiebel
1–2 Jalapeños
1 großes Bund frischer Koriander, gehackt
25 g frischer Ingwer
1 große Knoblauchzehe, fein gehackt
4–5 EL Limettensaft
1 ½ EL Zucker
1 ½ EL Fischsauce
50 ml Mayonnaise
Salz nach Geschmack

1) Den Kohl sehr fein raspeln. Zwiebel in dünne Ringe schneiden und Chili entkernen und fein hacken. Zusammen mit dem gehackten Koriander in ein großes Gefäß geben.

2) Ingwer fein hacken oder reiben und mit Knoblauch, Limettensaft, Zucker, Fischsauce und Mayonnaise verrühren und zum Kohl geben. Den Kohl (gern mit den Händen) gründlich durchkneten, damit sich das Ganze gut vermischt. Mindestens 30 Minuten stehen lassen und nach Geschmack salzen.

GEGRILLTE GURKEN MIT JOGHURTSAUCE

Gemüse auf dem Grill sind sehr lecker, aber inzwischen hat sich dabei auch eine Art von Routine eingestellt: Tomaten, Lauch, Auberginen und Zucchini, gelegentlich mal ein Spargel und dann geht es wieder mit den Tomaten los. Versuchen Sie es doch einmal mit etwas ganz anderem – diese Gurken zum Beispiel sind wirklich oberlecker.

4 Portionen
Ca. 15 Minuten

Joghurtsauce
1 TL Fenchelsamen
2 Knoblauchzehen
abgeriebene Schale von ½ Zitrone
200 ml Joghurt natur
Salz und Pfeffer

2 kleine Gurken (oder 1 große)
1 EL Olivenöl
1 TL frischer Zitronensaft
1 TL frischer Orangensaft
Salz
Nach Geschmack halbierte Zitronen zum Grillen

1) Die Fenchelsamen in der trockenen Pfanne rösten, bis sie zu knacken beginnen. Abkühlen lassen und im Mörser zerstoßen. Den Knoblauch reiben und mit den übrigen Zutaten verrühren, mit Salz und Pfeffer abschmecken.

2) Die Gurken der Länge nach halbieren, nach Geschmack die Kerne herausschaben. Dann der Länge nach in ca. 1 cm dicke Scheiben schneiden. Öl und Zitrussäfte verrühren und die Gurkenscheiben damit einpinseln. Salzen und pfeffern und auf den heißen Grill legen, bis sie auf beiden Seiten eine schöne Farbe bekommen haben. Mit der Joghurtsauce und nach Geschmack mit gegrillten Zitronenhälften servieren.

JOGHURTSAUCE MIT ÄPFELN UND ZWIEBELN

4 Portionen
Ca. 10 Minuten + 1 Stunde im Kühlschrank

3 Schalotten
1 große Knoblauchzehe
½ säuerlicher, knackiger Apfel, geschält
½ grüne Chili (oder Jalapeno)
2 EL Mayonnaise
200 ml Joghurt natur
Salz und frisch gemahlener schwarzer Pfeffer

1) Schalotten, Knoblauch und Apfel grob hacken. Den Chili entkernen und hacken. Alles mit der Mayonnaise und 1/3 des Joghurts glattrühren. Dann den restlichen Joghurt einrühren.

2) Vor dem Servieren etwa 1 Stunde in den Kühlschrank stellen, vor allem, wenn die Sauce eher flüssig statt cremig geworden ist (das kann an der verwendeten Joghurtsorte liegen).

SALSICCIA-BUTTER

Ca. 8 Portionen
Ca. 25 Minuten + mindestens 1 Stunde im Kühlschrank

150 g frische (rohe) Salsiccia
3 große Knoblauchzehen
Öl zum Braten
10 Salbeiblätter
200 g Butter, Zimmertemperatur
abgeriebene Schale von 1 Zitrone und Saft von ½ Zitrone
Salz und frisch gemahlener schwarzer Pfeffer

1) Wurstpelle abziehen und das Wurstbrät grob hacken. Die Knoblauchzehen in dünne Scheiben schneiden. Ein wenig Öl in die Pfanne geben und das Brät darin fast durchbraten. Dann Salbei und Knoblauch zugeben und weiter dünsten, bis der Knoblauch glasig und das Brät ganz durch ist. Etwas abkühlen lassen.

2) Brät im Mixer mit der Butter und dem Zitronensaft und -schale verkneten. Salzen und pfeffern und auf Backpapier zu einer Rolle formen. Vor dem Servieren mindestens 1 Stunde in den Kühlschrank stellen.
Man kann die Salsiccia-Butter auch gut einfrieren, dann hält sie sich etwa 1 Monat lang. Vor dem Servieren rechtzeitig aus dem Gefrierschrank nehmen!

UNSERE GRILL-KRÄUTERMISCHUNG

1 TL Fenchelsamen
1 TL ganzer Kreuzkümmel
1 TL Koriandersamen
1 TL gelbe Senfkörner
1 getrockneter Peperoncino (Piri Piri)
1 Sternanis
2 TL Zwiebelpulver
1 EL Paprika
1 EL geräucherter Paprika
2 TL Salz
1 TL grob gemahlener schwarzer Pfeffer
2 EL Zucker

1) Fenchel, Kreuzkümmel, Koriander, Senf, Sternanis und Peperoncino in der trockenen Pfanne rösten, bis es leise zu knistern beginnt. Abkühlen lassen und im Mörser zerstoßen oder in der Gewürzmühle zerkleinern.

2) Mit den restlichen Zutaten mischen und in einem luftdicht verschließbaren Behälter aufbewahren. Dunkel und trocken gelagert hält sich die Mischung etwa 2–3 Monate lang.

Der Küchengarten

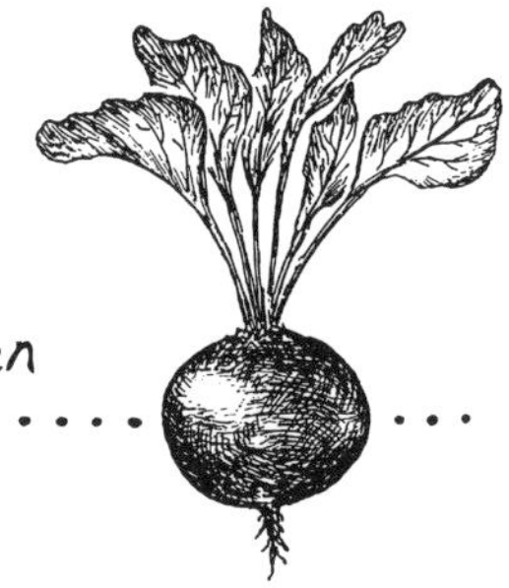

Marcus und ich machen uns auf langen Auto- oder Flugreisen oder an den langen Prep-Abenden in der Küche (wenn Lilly schläft und wie uns auf das Pizzeria-Wochenende vorbereiten, indem wir schon einmal Gemüse einlegen und Zwiebeln karamellisieren) oft den Spaß, uns auszumalen, was wir tun würden, wenn wir das große Los gezogen hätten. Das kennen Sie auch, nicht wahr? „The sky is the limit.“ Und fast immer sind wir uns über folgendes Szenario einig: Wir machen dasselbe, was wir jetzt auch tun – mit anderen Worten, irgendetwas, das sich um Essen dreht – aber in etwas größerem Stil. Wir hätten dann einen perfekt funktionierenden Allround-Hof mit Nutztieren, Ackerland und allem Drumherum. Dabei machen wir selbst nur das, was uns auf so einem Hof Spaß macht, also ein bisschen Traktor fahren, Eier einsammeln, einen Hektar Boden beackern (und keine 10), 10 Schafe scheren (und keine 100), einer Kuh beim Kalben helfen (nicht 100). Ein paar Bohnen ernten, ein paar Beeren pflücken, ein Fass Äpfel mosten und ein wenig Bier brauen. Den Löwenanteil der Arbeit übernimmt dann ein Team von hervorragenden, extra dafür eingestellten Landwirten.

Und dabei sind natürlich alle Tiere wohlauf und kerngesund, die Ernte gut, das Wetter auch (Regen gibt es natürlich nur des Nachts und tagsüber scheint die Sonne) und überhaupt sind alle rundum glücklich und zufrieden. Auf dem megatollen Aga in unserer Küche steht immer ein warmes Gericht bereit und wir haben bei aller Arbeit noch reichlich Zeit zum Spielen und Entspannen, zum Bücher lesen und zum Schwatzen mit Freunden bei Kaffee und Portwein. Und selbstverständlich sind wir bei alldem auch noch komplett ökologisch und autark. Hach, wäre das schön!

Ja, so sähe das aus, wenn wir eine Trillion Euro gewinnen würden. Leider fehlt uns irgendwie die Zeit um Lose zu kaufen, Zahlen anzukreuzen, in Antiquitäten zu investieren oder an der Börse zu spekulieren. Aber wir haben die Zeit – und die nötigen Geldmittel – um ein paar Bohnen, Zucchini, Mohrrüben, vielleicht ein wenig Palmkohl und eine Menge von Kräutern in unserem Küchengarten anzubauen. Und ein bisschen über Trockenheit oder Regen zu fluchen, und noch ein bisschen mehr über Schnecken und Raupen. Und doch fühlen wir uns wie die reichsten Menschen der Welt, wenn wir unsere Tochter in den Garten schicken können, um ein paar Mohrrüben zu ernten oder selbst ein paar Bohnen für unser Abendessen pflücken. Das, und dem Lämmchen gelegentlich das Fell zu kraulen, ist für uns der Inbegriff des guten Lebens.

DIE SEHNSUCHT NACH DEM BESSEREN

Der Sommer ist für mich vor allem grün – und damit meine ich nicht nur die Farben der Natur, sondern auch das, was wir essen. Ja, selbstverständlich essen wir auch Räucherspeck, Fisch, Frikadellen und Wurst. Aber das Gemüse hat bei mir doch deutlich den Vorrang, da es gut für mich, meine Familie und die Umwelt ist. Und vor allem, weil es einfach lecker ist!

Im Sommerhalbjahr kann es im Küchengarten ziemlich Schlag auf Schlag zugehen. Zu bestimmten Zeiten kann fast jeden Tag etwas Neues geerntet werden. Und es macht mir Riesenspaß, sehnsuchtsvoll darauf zu warten, dass ein bestimmtes Gemüse endlich reif genug zum Ernten ist und dass wir alles das, was wir anbauen, genau dann essen können, wenn es am allerbesten ist. Aber gelegentlich komme ich doch ein wenig in Stress darüber, wie kurz manche Erntezeiten sind. Wenn die Zucchini reif werden, habe ich morgens, mittags und abends Appetit auf frittierte Zucchiniblüten. Und Lilly will natürlich zur Erdbeerzeit immer nur Erdbeeren, da existiert das Wort „Nein" nicht in ihrem Vokabular. Denn die richtig perfekte Erdbeerzeit ist ja so furchtbar kurz! Natürlich kann man Erdbeeren einwecken und zu Konfitüre verarbeiten. Aber was gibt es denn Besseres als eine etwas sandige, sonnenwarme Erdbeere direkt aus dem Garten?

Die Ernteperioden beflügeln auch meine Kreativität in der Küche. Das kann man auch daran erkennen, dass sich die Speisekarte von Prostens Pizzeria fast jedes Wochenende ändert, je nachdem, was gerade reif ist und was mir wieder Neues eingefallen ist. Der Rosenkohl blüht, also kommen frische Blüten auf die Pizza. Hach, endlich wieder frischer grüner Spargel! Und jetzt MÜSSEN die Tomaten geerntet werden, denn nächstes Wochenende ist die beste Zeit schon wie-

der vorüber. Es ist im Grunde ein Vorteil, dass nicht immer alles zur gleichen Zeit verfügbar ist. Wenn wir immer alles sofort bekämen, was wir haben wollten, würden wir nicht zu schätzen wissen, wie unvergleichlich himmlisch knackfrische Pellkartoffeln mit etwas Butter und Salz schmecken.

HOCHBEETE SIND PRAKTISCH

Ich habe zwei kleine Küchengärten. Der Kräutergarten ist ein wenig wilder, denn hier dürfen sich auch die Himbeerbüsche und die Wald- und Gartenerdbeeren verbreiten, wie sie wollen. Der andere Garten ist ein wenig ordentlicher und nach Art eines Klostergartens aufgebaut: Die vier selbstgebauten Hochbeete wurden innen mit gekochtem Leinöl versiegelt und außen schwarz gestrichen. Einige wurden mit etwas sandigerem Substrat gefüllt, in dem sich zum Beispiel Mohrrüben, Kartoffeln und Rüben (mit Ausnahme von Kohlrabi) wohlfühlen. Zucchini. Bohnen, Erbsen, Basilikum und Salat brauchen einen etwas nährstoffreicheren Boden.

In meinem früheren Garten habe ich mit Fenchel, Artischocken, Kürbissen und Spargel wild drauflos experimentiert, oft mit niederschmetterndem Resultat, denn die ständig ausgehungerten Mörderschnecken waren ebenso an der heranwachsenden Ernte interessiert wie ich. Jetzt haben wir uns auf ein paar bewährte Sachen konzentriert, die wir ohnehin regelmäßig essen und bei denen vor allem Lilly ein bisschen mithelfen kann. Mohrrüben, Radieschen, Zuckererbsen und Salat pflanze und ernte ich sogar mehrmals im Jahr. Und vor allem wegen der Pizzeria brauchen wir Rucola und Basilikum in rauen Mengen. Bei Basilikum beginne ich mit Topfpflanzen und säe gleichzeitig aus. Wenn die Saat aufgegangen ist, gehen die Topfpflanzen allmählich zur Neige.

Ich liebe Palmkohl und habe daher welchen im Garten, obwohl er ziemlich anfällig für Schädlinge ist. Kartoffeln sind eigentlich immer unkompliziert und ich pflanze gern ein paar Sorten, die man im Handel sonst nicht so bekommt. Das macht das Ganze noch ein bisschen spannender! Und Zucchini und Sommer-Kürbis geben neben den leckeren, essbaren Blüten immer reichlich Ertrag – und mir schmecken sie einfach!

FINDEN SIE IHRE GEMÜSEHELDEN!

Ein anderer Grund, weshalb ich meine Gartenexperimente etwas zurückgeschraubt habe, ist die unmittelbare Nähe zweier der besten Gemüsebauern in ganz Schweden: Mikael Jidenholm und Martin Larsson aus Ugglarp. Was bei den beiden im Garten nicht gedeiht, gelingt auch niemand anderem! Jedes Mal, wenn ich mit ihnen telefoniere oder dort vorbeischaue, gibt es wieder neue, herrliche Dinge zu entdecken, und das im Sommer wie im Winter! Die kämpfen sich durch und placken sich ab und sehen einfach das Potential in allem, von überwinterten Pastinaken über essbares Unkraut bis hin zu alten Mohrrüben, die im nächsten Jahr wieder ausschlagen und ganz leckere und wunderhübsche Blüten bekommen.

Jidenholm und Larsson sind meine Helden, denn ohne sie würde ich nur ein sehr langweiliges Gemüsesortiment verwenden. Daher kann ich Ihnen nur ans Herz legen, sich einmal in der Nachbarschaft nach ihren eigenen Gemüsehelden umzusehen – die mit den großen Feldern für all die Kartoffeln, Bohnen und Kohlköpfe, für die Ihnen der Platz, die Zeit und vielleicht auch das Können fehlt.

Mit meinem Kräuterguru im „Pastinakenwald"

Schwarzkohl, auch Palmkohl genannt, ist so schön wie dankbar im Küchengarten. Er ist sehr beliebt in der italienischen Küche und wird dort „Teufelsohr" genannt. Bereiten sie ihn einmal nach dem nebenstehenden Pastarezept oder servieren ihn auf geröstetem Sauerteigbrot mit etwas geriebenem Pecorino und luftgetrocknetem Schinken. Und nicht minder lecker schmeckt er in feine Streifen geschnitten und frittiert. Einfach fantastisch!

ZIEGENKÄSE-PIE MIT GLASIERTEN MOHRRÜBEN

4 Portionen
Ca. 1 Stunde

250 g Filo-Teig (gekühlt oder tiefgekühlt und aufgetaut)
100 g zerlassene Butter

Füllung
250 g Mohrrüben
1 EL Honig
1 TL frischer Zitronensaft
4 Eier
4 EL Schlagsahne
100 ml Vollmilch
Salz und grob gemahlener schwarzer Pfeffer
125 g Ziegenkäse, grob geraspelt
50 g Prästost oder alter Gouda, gerieben

1) Den Ofen auf 200 °C vorheizen. Eine Springform einfetten und den Boden mit Backpapier auskleiden. Den Boden mit etwa 5 Schichten Filoteig bedecken, jede neue Schicht mit Butter einpinseln. Den Teig dabei oben ein wenig über die Ränder hängen lassen, dann rutscht er nicht herunter. Wenn der Pie fertig ist, kann man die überstehenden Enden einfach abbrechen.

2) Die Mohrrüben schälen und der Länge nach halbieren. In Salzwasser kochen, bis sie noch etwas Biss haben und dann in Honig und Zitronensaft schwenken.

3) Eier, Sahne und Milch gut verquirlen und gut salzen und pfeffern.

4) Mohrrüben und Ziegenkäse in der Pieform verteilen und die Eimischung darüber gießen. Den anderen geriebenen Käse darüber streuen und auf der mittleren Ofenschiene ca. 30–35 Minuten backen, bis der Teig schön goldgelb ist.

PASTA MIT KNOBLAUCH-KOHL UND PECORINO

4 Portionen
Ca. 30 Minuten

500 g Pasta
1 Zwiebel
3 Knoblauchzehen
½ Chilischote
3 Scheiben 1 Tag altes Weißbrot ohne Kanten
300 g Palmkohl
Olivenöl zum Braten
Salz und frisch gemahlener schwarzer Pfeffer
2 TL frischer Zitronensaft
25 g Butter
abgeriebene Schale von 1 ½ Zitronen
fein geriebener Pecorino
Pinienkerne, geröstet

1) Die Pasta in reichlich Salzwasser al dente kochen, etwas Wasser aufbewahren. Derweil Zwiebeln, Knoblauch und Chili in feine Scheiben schneiden. Das Brot sehr fein hacken oder im Mixer zerkleinern. Die holzigen Stiele des Kohls entfernen und den Rest fein hacken.

2) Die Semmelbrösel und die Hälfte des Knoblauchs in dem heißen Öl goldbraun rösten. Salzen und pfeffern. Auf einen Teller geben und beiseite stellen. Etwas Olivenöl in die Pfanne geben und die Zwiebel darin glasig dünsten. Den Kohl zugeben und weich dünsten. Chili und den restlichen Knoblauch zugeben und noch weiter dünsten. Mit Zitronensaft, Salz und Pfeffer abschmecken und mit einem Schuss des Pasta-Kochwassers schwenken, sodass sich eine leichte Dunstwolke in der Pfanne bildet. Die Butter in die Pfanne geben und alles zu einer Sauce verrühren.

3) Pasta, Kohlsauce, Zitronenzeste und geröstete Semmelbröseln gut vermengen und reichlich geriebenen Pecorino darüber streuen. Salzen, pfeffern und servieren.

FENCHEL ASIATISCH

Lecker zu Huhn und Fisch und perfekt in einem Omelett mit asiatischem Einschlag.

Ca. 2 kleine Gläser
Ca. 25 Minuten

250 ml Wasser
125 ml Reisweinessig
100 g Zucker
1 ½ EL Salz
2 Fenchelknollen
1 Thai-Chili oder eine andere Chilisorte

1) Wasser, Essig, Zucker und Salz zum Kochen bringen. Die grünen Spitzen der Fenchelknollen abschneiden. Einmal der Länge nach durchschneiden und dann in sehr feine Streifen schneiden (außer dem holzigen Strunk). Chili in feine Streifen schneiden und zusammen mit dem Fenchel auf zwei saubere Gläser verteilen. Mit der heißen Lake übergießen.

2) Die Lake abkühlen lassen und dann die Deckel aufschrauben. Vor dem Servieren mindestens einen Tag lang stehen lassen. Wenn die Gläser sehr sauber waren, hält der Fenchel ca. ein Jahr lang.

BOHNEN MIT PARMESAN UND SARDELLENDRESSING

4 Portionen (als Beilage)
Ca. 20 Minuten

300 g gemischte Bohnen, zum Beispiel Wachsbohnen und grüne Bohnen

Dressing
2 große Knoblauchzehen
3 Sardellenfilets in Öl
abgeriebene Schale und Saft von 1 Zitrone
½ EL Dijonsenf
ca. 200 ml fein geriebener Parmesan
100 ml Olivenöl
Salz und frisch gemahlener schwarzer Pfeffer

1) Knoblauch und Sardellen grob hacken und mit Senf, Zitronensaft und -zeste und der Hälfte des Parmesans mischen. Das Olivenöl zuerst tropfenweise und dann in dünnem Strahl zugeben und zu einem cremigen Dressing rühren. Salzen und pfeffern.

2) Die Bohnen putzen und in Salzwasser al dente kochen – absolut nicht länger! Danach sofort unter fließendem kalten Wasser abschrecken, um den Kochvorgang abzubrechen. Die Bohnen in dem Dressing schwenken und mit dem restlichen Parmesan bestreuen. Sofort servieren.

SPARGEL MIT HASELNÜSSEN, PECORINO UND ZITRONE

Die Geschmackskombination von grünem Spargel, Nüssen und grobem Salz passt hervorragend zum Frühsommer. Haselnussöl bekommt man im Feinkostgeschäft oder in gut sortierten Supermärkten.

4 Portionen
Ca. 20 Minuten

100 ml Haselnüsse
1–2 Bund grüner Spargel
Salz
Zucker
Haselnuss- oder Walnussöl
Grobes Meersalz und frisch gemahlener schwarzer Pfeffer
abgeriebene Schale von ½ großen Zitrone
ca. 25 g Pecorino

1) Die Haselnüsse in einer trockenen Pfanne goldbraun rösten und grob hacken.

2) Die holzigen Enden des Spargels abbrechen und den Spargel in Salzwasser in Wasser mit reichlich Salz und einer Prise Zucker al dente kochen. Nicht zu lange!

3) Den Spargel auf einer Servierplatte anrichten und mit dem Öl beträufeln. Salz, Pfeffer, Zitronenzeste und Nüsse darüber streuen und den Pecorino darüber hobeln. Warm oder abgekühlt servieren.

LILLYS GRÜNE TOMATEN

Dieses Rezept stammt von meiner Großmutter und darf seit meiner Kindheit bei keinem Sonntagsbraten fehlen.

Ca. 1 Stunde

2 kg grüne Tomaten
600 g fein gehackte Zwiebeln (ca. 5 Zwiebeln)
800 g Zucker
300 ml Wasser
400 ml Essigessenz (12 %)
ca. 7 g Muskatblüte
ca. 11 g Gewürznelken

1) Die Tomaten vierteln und mit den übrigen Zutaten in einen großen Topf geben. Aufkochen und dann ca. 1 Stunde lang zu Mus einkochen. Gelegentlich umrühren, damit nichts am Boden anbrennt.

2) Die Mischung auf heiße, sterilisierte Weckgläser (siehe Seite 145) verteilen und den Deckel schließen. Geöffnete Gläser im Kühlschrank aufbewahren. Durch den Zucker sind die Tomaten sehr lange haltbar. Wenn ich mich recht erinnere, steht bei mir noch ein Glas von 2003 …

TOMATEN TARTE TATIN

Ich habe immer gern ein paar Hilfsmittel im Küchenschrank – Blätterteig ist so ein Fall. Achten Sie darauf, dass darin Butter verwendet wurde und nicht etwa ein Fett-Ersatzstoff!

4 Portionen
Ca. 25 Minuten + 25 Minuten Backzeit

1 Zwiebel
2 EL Butter
50 g Zucker
600 g kleine Tomaten, gern gemischte Sorten
50 ml Balsamicoessig
2 Zweige Thymian, Rosmarin oder Salbei
Salz und Pfeffer
1 Paket Blätterteig (in Rollenform)

Zum Servieren
Knackiger Salat

1) Den Ofen auf 225 °C vorheizen. Die Zwiebeln in Ringe schneiden. Die Butter mit 2 Esslöffeln Zucker auf schwacher Hitze leicht bräunen. Dabei nicht umrühren, sondern nur darauf achten, dass die Butter nicht anbrennt. Zwiebeln und Tomaten zugeben und 5 Minuten dünsten, dann den Balsamico-Essig, die Kräuter und den restlichen Zucker zugeben. Salzen, pfeffern und noch 3 Minuten weiter dünsten. Die Mischung soll weich und leicht karamellig sein.

2) Die Füllung in eine 25 cm-Tarteform geben und mit Blätterteig abdecken. Den Teig sorgfältig vor dem Rand der Form umlegen und dann vorsichtig mehrmals mit einer Gabel einstechen. Auf der mittleren Ofenschiene ca. 25 Minuten lang goldbraun backen.

3) Die Tarte 5 Minuten abkühlen lassen, dann vorsichtig rundherum die Kanten mit einem spitzen, scharfen Messer von der Form lösen. Einen Teller oder ein Brett obenauf legen und die Tarte darauf stürzen. Mit einem knackigen Salat servieren.

FRITTIERTE ZUCCHINIBLÜTEN

Wenn die Zucchini blühen, kann ich den lieben langen Tag an nichts anderes denken als an frittierte Blüten mit etwas Zitronensaft ...

Ca. 4 Portionen
Ca. 20 Minuten

Frittieröl, Menge richtet sich nach der Größe des Topfes
ca. 12 Zucchiniblüten, gewaschen
50 g Mehl
100 ml kaltes Wasser
1 Prise Backpulver
Cayennepfeffer oder Chiliflocken nach Geschmack
Meersalz
Zitronenspalten zum Servieren

1) Das Frittierfett in einem großen Topf auf ca. 180 °C erhitzen. (Schalten Sie die Dunstabzugshaube aus und halten den Topfdeckel bereit, falls das Fett Feuer fängt. In diesem Fall sofort den Herd ausschalten und den Deckel auflegen!) Wenn Sie kein Küchenthermometer haben, prüfen sie die Temperatur mit einem kleinen Stück Weißbrot. Wenn dies innerhalb von 30 Sekunden goldbraun wird, ist das Fett heiß genug.
Inzwischen Mehl, Wasser und Backpulver zu einem dünnen Teig rühren und nach Geschmack mit Cayennepfeffer oder Chiliflocken würzen.

2) Je 3–5 Zucchiniblüten in den Teig tauchen, sodass sie ganz bedeckt sind, dann in das heiße Öl geben und goldbraun frittieren (das dauert ca. 4 Minuten). Dabei ein paarmal wenden, damit sie gleichmäßig bräunen. Achten Sie darauf, dass sie dabei nicht aneinander haften. Mit der Schaumkelle herausnehmen und auf Küchenpapier abtropfen lassen. Sofort mit Salz bestreuen. Alle Blüten frittieren.

3) Mit frischem Zitronensaft beträufeln und sofort servieren.

TOPINAMBUR-CHIPS

Lecker als kleiner Imbiss zwischendurch oder zu einem Glas Bier oder Wein!

4 Portionen
Ca. 20 Minuten

Ein paar Tropfen frischer Zitronensaft
300 g Topinambur
Frittieröl, Menge nach Größe des Topfes
Feines Meersalz

1) Eine Schale mit Wasser füllen und den Zitronensaft hineingeben. Topinambur schälen und sofort in das Zitronenwasser legen.

2) Den Topinambur mit dem Gemüsehobel oder einem sehr scharfen Messer in hauchdünne Scheiben schneiden. Wieder einige Minuten in frisches, kaltes Wasser legen (um die Stärke zu entziehen) und zwischen Küchenpapier gründlich abtrocknen.

3) Das Frittierfett in einem großen Topf auf ca. 180 °C erhitzen. (Schalten Sie die Dunstabzugshaube aus und halten den Topfdeckel bereit, falls das Fett Feuer fängt. In diesem Fall sofort den Herd ausschalten und den Deckel auflegen!) Wenn Sie kein Küchenthermometer haben, prüfen sie die Temperatur mit einem kleinen Stück Weißbrot. Wenn dies innerhalb von 30 Sekunden goldbraun wird, ist das Fett heiß genug.

4) Je nach Größe des Topfs 1–2 Hände voll Topinamburscheiben in das heiße Öl geben (wenn Sie zu viele nehmen, sinkt die Temperatur zu stark ab). Die Chips goldbraun frittieren, dabei zwischendurch nach Möglichkeit mithilfe eines Holzlöffels wenden.

5) Mit der Schaumkelle herausnehmen und auf Küchenpapier abtropfen lassen und salzen. Vor dem Servieren abkühlen lassen.

GEBACKENER TOPINAMBUR

Topinambur hat einen angenehm erdigen Geschmack und wird viel zu oft einfach nur als Suppe oder Püree zubereitet. Doch auch im Ofen gebacken sind sie superlecker!

4 Portionen
Ca. 45 Minuten

1 Zitrone
1 kg Topinambur
3 Knoblauchzehen, zerdrückt
3 Zweige Thymian
Salz und frisch gemahlener schwarzer Pfeffer
Olivenöl

1) Den Ofen auf 225 °C vorheizen. Die Zitrone halbieren und ein paar Tropfen Saft in eine Schale mit Wasser geben. Topinambur schälen und sofort in das Zitronenwasser legen (damit sie sich nicht braun färben). Dann kurz abtrocknen und einmal der Länge nach halbieren.

2) Den Topinambur mit den zerdrückten Knoblauchzehen, den Zitronenhälften und dem Thymian in eine ofenfeste Form geben. Salzen, pfeffern und mit Olivenöl beträufeln. Alles gut mischen und auf der mittleren Ofenschiene ca. 30 Minuten lang goldbraun backen. Sofort servieren.

Wenn sich in Ihrem Garten irgendwo eine vergessene Ecke befindet, pflanzen Sie doch einmal Topinambur – das vielleicht dankbarste „Unkraut" der Welt!

ICH LIEBE KOHL!

Ja, ich mag wirklich alle Sorten Kohl. Nicht nur deswegen, weil er offenbar wirklich sehr gesund ist, sondern auch, weil man damit so viele spannende Sachen machen kann. Sehr gesund sind alle Kohlsorten, aber ganz besonders tut sich hier der Grünkohl hervor. Es gilt inzwischen als „Superfood“ und die Rohkostler der ganzen Welt schwören auf ihn.

Ich selbst schneide ihn in ganz feine Streifen (der holzige Stiel wird vorher entfernt) und wende ihn in frisch gepresstem Zitronensaft und Olivenöl mit etwas gutem Salz. Und dazu kommt dann, was ich gerade im Haus habe oder wonach mir sonst der Sinn steht. Geröstete Salzmandeln oder andere Nüsse, Apfelscheiben, filettierte Orangen – oder auch mal ein paar frische Rosenkohlköpfchen, in einzelne Blätter zerpflückt. Roher Grünkohl ist außerdem superlecker in Smoothies, zusammen mit Äpfeln, frischem Zitronensaft und Palmkohl und sogar als Pizzabelag ist er wunderbar (siehe Seite 75). Versuch macht klug!

...UND ERBSEN!

Grüne Erbsen werden sehr zu Unrecht oft unterschätzt, finde ich. Vor einiger Zeit war ich im baskischen San Sebastian, einem Highlight unter den kulinarischen Reisezielen. Und das Beste, das ich dort gegessen habe, war ein Gericht, das nur aus Erbsen bestand – perfekt zubereitet und als einzige Beilage ein Gläschen von der Brühe, in der sie gekocht wurden! Sie waren leicht oval und zerplatzten förmlich im Mund. Süß, buttrig und so herrlich chlorophyllgrün im Geschmack. Doch, die Geschmacksrichtung „grün" gibt es wirklich!

Ich liebe grüne Erbsen und beschäftige mich hingebungsvoll mit den Erbsenpflanzen im Garten. Und ich habe natürlich immer Erbsen im Gefrierschrank – das heißt, falls Lilly sie nicht bereits alle genascht hat, denn sie mag Erbsen auch furchtbar gern! Bei tiefgekühlten Erbsen wird leicht vergessen, dass diese bereits vorgekocht sind und daher kocht man sie dann meist viel zu lange! Und verkochte Erbsen mag ich überhaupt nicht. Doch wenn man sie mit Respekt behandelt, sind sie unübertrefflich lecker. Auf der nächsten Seite finden sie meine Lieblingsrezepte mit Erbsen (okay, ein paar dicke Bohnen haben sich dabei auch eingeschlichen ...). →

DICKE BOHNEN CAPRESE

Die Bohnen palen (aus den Schoten nehmen), dann 3–5 Minuten in Salzwasser kochen. Mit kaltem Wasser abschrecken und dann die zähe Haut entfernen.

4 kleine Portionen
Ca. 15 Minuten

200 ml gekochte und enthäutete dicke Bohnen
200 ml gekochte grüne Erbsen
100 ml Basilikum, in feinen Streifen
150 g Büffelmozzarella
Gutes Olivenöl
Flockensalz und frisch gemahlener schwarzer Pfeffer

Die Bohnen und Erbsen auf einer Servierplatte anrichten und mit dem Basilikum bestreuen. Den Mozzarella grob zupfen und darüber geben, salzen und pfeffern. Vor dem Servieren mindestens 20 Minuten stehen lassen. Lecker als Salatbeilage.

ERBSENCREME MIT MEERRETTICH

4 Portionen
Ca. 10 Minuten

500 ml gekochte grüne Erbsen
100 ml Crème Fraiche
Fein geriebener Meerrettich nach Geschmack
Salz und frisch gemahlener schwarzer Pfeffer

Erbsen und Crème Fraiche cremig pürieren und nach Geschmack mit Meerrettich verfeinern, salzen und pfeffern. Superlecker auf weißem Fisch – oder ein paar Löffel voll in einem Teller Hühnersuppe!

GRÜNE ERBSEN MIT SPECK UND BRAUNER BUTTER

4 kleine Portionen
Ca. 20 Minuten

ca. 50 g Frühstücksspeck
100 g braune Butter (siehe Seite 186)
1 EL frischer Zitronensaft
500 ml gekochte grüne Erbsen
50 ml grob gehackter Dill
Salz und frisch gemahlener schwarzer Pfeffer

Den Frühstücksspeck in feine Streifen schneiden und knusprig braten. Auf Küchenpapier abtropfen lassen. Den Zitronensaft mit der braunen Butter verrühren und die Erbsen darin warm werden lassen. Mit Speck und Dill mischen und auf Portionsschälchen verteilen. Salzen und pfeffern. Lecker als Beilage zu weißem Fisch.

ERBSENMUS MIT PARMESAN UND ZITRONE

4 kleine Portionen
Ca. 15 Minuten

500 ml gekochte grüne Erbsen
Gutes Olivenöl
1 EL frischer Zitronensaft
abgeriebene Schale von 1 Zitrone
50 ml grob gehackte Minze
100 ml fein geriebener Parmesan
Salz und frisch gemahlener schwarzer Pfeffer

Die Erbsen in einer Schüssel grob zerdrücken und mit den restlichen Zutaten verrühren, mit Salz und Pfeffer abschmecken. Lecker als Salatbeilage oder als Brotaufstrich.

Klar, dicke Bohnen sind keine Erbsen, aber in Bezug auf "grüne", buttrige Knackigkeit sind sie beide in derselben Klasse. Dicke Bohnen machen ein klein wenig mehr Arbeit, aber die Mühe lohnt sich!

Party mit den Nachbarn

Eine der schönsten Seiten am Leben hier ist, dass ein Spaziergang meistens länger dauert als geplant. Es gibt nämlich einfach zu viele wunderbare Gelegenheiten zum Innehalten. Ich denke dabei nicht in erster Hinsicht an Brombeerbüsche, Apfelbäume, Hühnerhöfe mit Eiern und Küken oder Weiden voller zotteliger Kühe. Die gibt es hier natürlich auch, aber vor allem wohnen hier die weltbesten Nachbarn. Bei denen wie von Zauberhand irgendwie immer gerade Kaffee und frisch gebackener Apfelkuchen auf dem Tisch steht, wenn man dort vorbeikommt, oder frische Käsewecken und ein Glas Bier. Wenn ich je gedacht hatte, dass das Landleben ziemlich einsam werden könnte, habe ich mich ziemlich getäuscht. Zumindest, was unser Zuhause anbelangt.

So eine Gartenparty mit den Nachbarn ist herrlich zwanglos. Man braucht dafür keinen schön gedeckten Tisch, sauber geschrubbte Kinder und mehrere Gänge. Weit gefehlt. Die Kinder kommen, wie sie sind, es gibt Essen aus der Imbissbude und der exzellente Wein wird aus zusammengesuchten Gläsern getrunken. Denn hier geht es in erster Linie darum, sich zu treffen und zusammen zu entspannen.

CLOUDY CUCUMBER

Vor ein paar Jahren habe ich entdeckt, wie lecker Gurke in Getränken ist. Der frische, knackige, „grüne" Geschmack dieses Cocktails ist in unserer Pizzeria sehr beliebt – beim Personal wie bei den Gästen!

4 Portionen
Ca. 5 Minuten

Gurkensaft
1 Salatgurke
25 g frischer Ingwer, geschält

Cocktail
16 cl Gin oder Wodka
16 cl Gurkensaft
16 cl Zuckersirup (siehe Seite 126, „Bee's Knees")
16 cl frischer Zitronensaft
1 kleines Eiweiß
Viel Eis

1) Gurke und Ingwer schälen und grob hacken und im Entsafter pressen. Alternativ im Mixer pürieren und durch ein Sieb passieren. Wenn er besonders klar werden soll, kann man auch einen Kaffeefilter oder ein Moltontuch verwenden. Der Saft hält sich im Kühlschrank 2–3 Tage.

2) Alle Zutaten für den Cocktail mit ein paar Eiswürfeln in einen Shaker geben. So lange schütteln, bis sich auf der Oberfläche ein leichter Eischaum bildet. Auf Eis servieren. Keine Eier im Haus? Keine Sorge – dieser Cocktail schmeckt auch ohne!

Versuchen Sie es einmal mit einem schwedischen Gin – auf diesem Sektor hat sich in den letzten Jahren viel Spannendes getan!

CROSTINI MIT BOHNENCREME UND PILZEN

Ca. 8 Portionen
Ca. 25 Minuten

Bohnencreme
200 g große weiße Bohnen (ca. ½ Dose)
100 ml fein geriebener Parmesan
1 kleine Knoblauchzehe, gehackt
1 TL frischer Zitronensaft
100 ml Crème fraîche
Salz

Crostini
1 kleines Baguette
Olivenöl
200 g Austernseitlinge
Butter zum Braten
Flockensalz und frisch gemahlener schwarzer Pfeffer
100 ml frisch gehackte Petersilie
abgeriebene Schale von 1 Zitrone

1) Den Ofen auf 225 °C vorheizen. Die abgetropften Bohnen mit Parmesan, Knoblauch, Zitronensaft und der Hälfte der Crème fraîche zu einer glatten Creme pürieren, dann den Rest der Crème fraîche einrühren und mit Salz und Pfeffer würzen. Für mindestens 20 Minuten in den Kühlschrank stellen.

2) Das Baguette in dünne Scheiben schneiden, auf ein mit Backpapier ausgelegtes Backblech legen und mit dem Olivenöl beträufeln. Auf der mittleren Schiene goldbraun rösten.

3) Die Pilze grob raspeln oder hacken und in der Butter schön goldbraun schmoren. Salzen, pfeffern und in der Petersilie schwenken.

4) Je einen Löffel Bohnencreme und Pilze auf jede Scheibe geben und mit etwas Zitronenzeste bestreuen. Als Buffetgericht oder als Beilage zu Getränken servieren.

FOCACCIA

Focaccia ist ähnlich wie Omelett eine wunderbare Art, kleine Reste in der Küche zu verwerten. Man kann so ziemlich alles verwenden – Wurst, Oliven, Käse, gegrilltes Gemüse oder Nüsse.

Ca. 10 Portionen (1 große Focaccia)
Ca. 2 Stunden

Teig
25 g Hefe
1 ½ EL Honig
1 TL Salz
350 ml Wasser, handwarm
50 ml Olivenöl + Öl zum Einpinseln
450 g Mehl

Belag
150 g Wurst oder Schinken in dünnen Scheiben
150 g gute Oliven
100 g Blauschimmelkäse, grob geraspelt
1–2 Rosmarinzweige, zerpflückt
Olivenöl und Flockensalz

1) Die Hefe zerdrücken und mit Honig, Salz und ein wenig handwarmem Wasser verrühren, bis sie sich aufgelöst hat. Nach und nach das Mehl einarbeiten und zu einem glatten Teig verkneten. Mindestens 5 Minuten in der Küchenmaschine oder 10 Minuten von Hand durchkneten. Mit einem Küchenhandtuch zudecken und 45 Minuten gehen lassen. Den Ofen auf 225 °C vorheizen.

2) Ein Backblech gut mit Olivenöl einfetten. Den Teig darauf mit eingeölten Händen zu einem Flachbrot ausdrücken.

3) Die Beilagen auf dem Brot verteilen. Mit Olivenöl beträufeln und mit Salz bestreuen. Auf der mittleren Schiene ca. 35 Minuten goldbraun backen. Auf dem Kuchenrost abkühlen lassen.

FRITTIERTE OLIVEN

6 Portionen
Ca. 25 Minuten

100 ml Semmelmehl (gern selbstgemacht)
50 ml fein geriebener Parmesan
1 Ei
50 g Mehl
Frittieröl
200 g gefüllte grüne Oliven

1) Semmelmehl und Parmesan mischen und in eine Schale geben. Das Mehl in eine andere Schale geben und das Ei in einer dritten Schale verquirlen.

2) Das Frittieröl in einem großen Topf auf ca. 180 °C erhitzen. (Schalten Sie die Dunstabzugshaube aus und halten den Topfdeckel bereit. Falls das Fett Feuer fängt, sofort den Herd ausschalten und den Deckel auflegen!) Prüfen Sie die Temperatur mit einem kleinen Stück Weißbrot. Wenn dies innerhalb von 30 Sekunden goldbraun wird, ist das Fett heiß genug.

3) Die Oliven zuerst in Mehl, dann ins verquirlte Ei und zuletzt in die Parmesan-Semmelmehlmischung tauchen. Je 6–8 Oliven im heißen Öl goldbraun frittieren. Auf Küchenpapier abtropfen lassen und vor dem Servieren auf Zimmertemperatur abkühlen lassen.

Salzig, frittiert und heiß – das sind vielleicht die drei besten Eigenschaften von Knabbereien, die als Vorspeise serviert werden! Bei diesen frittierten Oliven jedenfalls ist es eine unschlagbare Kombination. Machen Sie bei den Oliven keine Kompromisse, sie sollen von guter Qualität sein. Die Füllung bleibt hier jedoch ganz Ihrem Geschmack überlassen, es funktioniert bei allen Varianten gleich gut.

KAPERN-AUFSTRICH

Einfach perfekt zu einem kühlen Bier, als Beilage zum Lunch oder auf dem Kalten Buffet.

4 Portionen
Ca. 20 Minuten

1 kleiner säuerlicher Apfel
50 ml kleine Kapern
100 ml Räuchermakrele, zerpflückt
200 g Frischkäse
100 ml Petersilie, fein gehackt
Salz und frisch gemahlener schwarzer Pfeffer

Frisches Roggenbot (oder ein anderes gutes Brot) in Scheiben

Den Apfel schälen und in kleine Würfel schneiden. Die Kapern vorsichtig hacken. Alle Zutaten zu einer Creme verrühren und mit Salz und Pfeffer abschmecken.

BEE'S KNEES

Als ich meine ersten Schritte in die Cocktailwelt unternahm, fühlte ich mich sehr mondän, denn meine Favoriten waren Rusty Nail, Campari-Orangensaft oder Gin Fizz. Während die anderen Lennart, Cola-Rum oder Piggelin tranken, bestand ich auf Gin, säuerlicher Zitrone und schaumigem Eiweiß. Daran hat sich bis heute nichts geändert, doch manchmal nehme ich, wie hier, Honig statt Eiweiß für diesen herrlichen Drink!

4 Portionen
Ca. 15 Minuten

Honigsirup
200 ml Honig
100 ml Wasser

Zuckersirup
200 g Zucker
200 ml Wasser

Cocktail
16 cl Honigsirup
16 cl Zuckersirup
16 cl Gin
16 cl frischer Zitronensaft
Viel Eis
2 Zitronenscheiben

1) Das Wasser aufkochen und vom Herd nehmen, dann den Honig darin auflösen. Abkühlen lassen.

2) Das Wasser mit dem Zucker aufkochen, bis sich der Zucker aufgelöst hat. Abkühlen lassen.

3) Alle Zutaten für den Cocktail mit ein paar Eiswürfeln in einen Shaker geben. Auf mit Eis gefüllte Gläser verteilen und nach Geschmack noch einen Schuss Honigsirup zugeben. Mit einer halben Zitronenscheibe garniert servieren. Zucker- und Honigsirup halten sich im Kühlschrank mehrere Wochen.

KREBS-TATAR MIT REISWEINESSIG-MAYONNAISE UND GURKEN

Dieses Tatar ist unglaublich gut. Frische, rohe Krebsschwänze sind nicht oft zu finden, aber man kann auch tiefgekühlte dafür verwenden. Oder sprechen Sie mal mit dem Fischhändler Ihres Vertrauens!

4 kleine Portionen
Ca. 30 Minuten

Mayonnaise
1 Ei
1 EL Dijonsenf
ca. 150 ml neutrales Speiseöl
2 EL Reisweinessig
Salz
1 Prise Zucker

Krebstatar
20 rohe Krebsschwänze
Salz und frisch gemahlener schwarzer Pfeffer

Belag
1 Scheibe Roggenbrot
Butter zum Braten
Feines Salz
¼ Salatgurke
1 großer säuerlicher, knackiger Apfel
10 Radieschen
1 TL Reisweinessig
100 ml fein gehackter Schnittlauch
Essbare Blüten

1) Alle Zutaten für die Mayonnaise sollen in etwa die gleiche Temperatur haben. Ei und Senf verquirlen. Das Öl unter ständigem Rühren zuerst tropfenweise, dann in dünnem Strahl zugeben, bis die Mayonnaise eine lockere, cremige Konsistenz hat. Den Reisweinessig einrühren und mit Salz und Pfeffer abschmecken.

2) Die Krebse schälen (das geht am Besten, wenn sie vorher tiefgekühlt waren) und eventuell in den Schalen verbliebenes Fleisch mit einem scharfen Messer auslösen. Das Fleisch kurz abspülen und fein hacken, mit Salz und Pfeffer abschmecken und in den Kühlschrank stellen.

3) Das Brot zerbröseln und in der Butter goldbraun rösten. Auf Küchenpapier abtropfen lassen und salzen. Die Gurke entkernen und fein hacken. Den Apfel schälen und in feine Würfel schneiden, die Radieschen ebenfalls würfeln. Alles zusammen in dem Reisweinessig wenden.

4) Die Mayonnaise auf 4 Teller verteilen, darauf das Tatar geben und mit geröstetem Brot bestreuen. Den Gurken-Apfelsalat dazu geben und mit Schnittlauch bestreuen. Ein wenig Salz und Pfeffer darüber mahlen und mit ein paar essbaren Blüten verziert servieren.

PIMM'S-SLUSHY MIT OBSTSALAT

Ich war schon immer ein Fan von Pimm's und vor allem von Pimm's Cup, einem Obstsalat aus Erdbeeren, Gurken, Orangen und Minze, aufgegossen mit Mineralwasser oder Limonade.

4 Portionen
Ca. 25 Minuten + 6 Stunden im Gefrierschrank

Slushy
300 ml Pimm's No. 1
200 ml frisch gepresster Orangensaft (gern Blutorangen)

Obstsalat
¼ Gurke
2 Orangen
250 g Erdbeeren
3 EL frischer Zitronensaft
2 EL Rohrzucker
1 Handvoll Minze, gehackt
Zitronenzeste nach Geschmack

1) Pimm's und Orangensaft in einen dicht verschließbaren Behälter geben und für mindestens 6 Stunden in den Gefrierschrank stellen. Je flacher der Behälter ist, desto schneller gefriert die Flüssigkeit.

2) Die Gurke entkernen und die Orange filetieren. Orange und Erdbeeren in kleine Würfel schneiden. Zitronensaft und Zucker verrühren, bis sich der Zucker aufgelöst hat und das Obst mit der gehackten Minze darin wenden.

3) Den Obstsalat auf Schälchen oder Gläser verteilen. Die gefrorene Pimm's-Mischung mit einer Gabel zu einer körnigen Konsistenz zerpflücken und über dem Obstsalat verteilen. Nach Geschmack etwas Zitronenzeste darüber streuen und servieren.

PIMM'S CUP

Auch lecker als Bowle!

4 Portionen

250 ml frische oder gefrorene Erdbeeren
ca. 15 cm Gurke
1 Zitrone
½ Orange
16 cl Pimm's No. 1
ca. 150 ml Minze, dicht gepackt
600 ml Ginger Ale (oder Limonade oder Fruchtsaftgetränk)
viel Eis

Erdbeeren, Gurke, Zitrone und Orange in feine Würfel schneiden. In Pimm's und Minze wenden und mindestens 30 Minuten stehen lassen. Große Gläser mit Eis füllen und die Mischung darauf verteilen. Mit Ginger Ale aufgießen und sofort servieren.

CEVICHE MIT KOKOSWASSER

Ich liebe die säuerliche, knackige Frische von Ceviche und habe sie immer nach einem traditionellen Rezept zubereitet. Aber auf einer Reise nach Tulum in Mexiko aßen wir in einem Restaurant namens Hartwoods eine Ceviche mit Kokoswasser. Noch besser!

4 Portionen
Ca. 30 Minuten

400 g Lachs, Dorsch oder Seehecht
1 Jalapeno oder grüne Chili
Saft von 2 großen Limetten (ca. 65 ml)
2 EL Kokoswasser
1 ½ EL Olivenöl
Meersalz und schwarzer Pfeffer
1/3 Gurke
2 säuerliche Äpfel
2–3 Salatzwiebeln
Schwarz- oder Grünkohl nach Geschmack
Korianderblätter (Cilantro)
Kresseblüten oder andere essbare Blüten
Nachos oder Tortillachips

1) Den Fisch putzen und quer zu den Fasern in dünne Scheiben schneiden. Die Chilischote in dünne Scheiben schneiden.

2) Den Fisch in ein Gefäß geben und die Chili darüber verteilen. Mit der Hälfte des Limettensafts, des Kokoswassers und des Öls übergießen und mit Salz und Pfeffer würzen. Ca. 20 Minuten bei Zimmertemperatur stehen lassen, gern länger.

3) Die Gurke fein hobeln. Die Äpfel schälen und in dünne Scheiben schneiden. Die Zwiebeln in feine Streifen schneiden. Alles über den Fisch verteilen. (Haben Sie Schwarz- oder Grünkohl im Haus? Die holzigen Stiele entfernen und den Kohl in sehr dünne Streifen schneiden und dazu geben). Den Rest von Limettensaft, Kokoswasser und Öl dazu geben, salzen und pfeffern. Mit essbaren Blüten verzieren und Nachos oder Tortillachips dazu servieren.

Einfrieren oder nicht?
Nach den Maßgaben des schwedischen Gesundheitsamts soll man Fisch, der roh oder eingelegt serviert wird, vorher mindestens 72 Stunden lang einfrieren (mit Ausnahme von Farmlachs). Der Geschmack von Fisch und Krustentieren wird dadurch nicht beeinträchtigt und Krustentiere lassen sich dadurch sogar leichter schälen. Scholle und andere Plattfische jedoch bekommen dadurch eine andere Konsistenz.

Wenn Sie Fisch roh servieren wollen, ohne ihn vorher einzufrieren, sollten Sie den Fischhändler vorher um Rat fragen und den Fisch vor allem rechtzeitig vorher bestellen, damit Sie wirklich die frischeste und beste Qualität bekommen.

Tipps zum Pressen von Zitrusfrüchten
Die Früchte vor dem Pressen mit starkem Druck auf einer harten Unterlage hin- und her rollen – und darauf achten, dass sie zimmertemperatur haben.

Wenn Sie viel Limettensaft brauchen und keinen Entsafter haben, verwenden Sie dazu einen Esslöffel. Die Limette quer halbieren und über eine Schüssel halten. Den Esslöffel in die Limette stecken und hin- und her drehen, bis der Saft ausgelaufen ist. Alternativ können Sie die Früchte auch längs in Segmente schneiden und dann Stück für Stück auspressen. Das ergibt jede Menge mehr Saft. Nach Geschmack durch ein Sieb passieren.

Sind Sie unsicher, welchen Fisch Sie heutzutage als umweltbewusster Verbraucher überhaupt noch essen dürfen? Erkundigen Sie sich beim WWF, um ganz sicher zu gehen.

Früchte und Beeren

Das Tolle an unserem Leben hier auf dem Hof ist, dass wir ziemlich lange von dem leben könnten, was hier so rund um uns herum wächst und gedeiht, falls die Welt da draußen einmal zusammenbricht.

Der Gedanke kam mir letzten August, als mein Hund und ich in den Hügeln Gassi gingen. Also mein Hund Stilton ging Gassi. Nicht ich. Wie auch immer: Seit wir hierher gezogen sind, haben wir uns ziemlich verändert. Wir geben jetzt viel weniger Geld für Restaurantbesuche aus, aber dafür gehe ich gern auf die Auktionen in der Umgebung. Und statt einer Handtasche habe ich jetzt immer einen Plastikeimer dabei. Wegen all der Himbeer- und Brombeerbüsche an den Feldwegen. Von den Weintrauben auf Lollos Feld lasse ich natürlich die Finger – nicht, weil sie sauer sind, sondern um der Monsterernte, von der er immer träumt, nicht durch Mundraub irgendeinen Abbruch zu tun.

Als ich also so da stand und Beeren in meinen Plastikeimer pflückte, sah ich mich genauer um und erblickte rundherum erntereife Apfelbäume und verwilderte Stachelbeersträucher, blökende Lämmer und gackernde Hühner. Muhende Kühe, hier und da ein paar Pfifferlinge und ein paar Schweine – reichlich Milch und Käse und Wein also. Und dann noch Gerste, Hafer und Weizen auf den umliegenden Feldern. Also ich würde mich ganz und gar nicht beklagen, wenn ich „gezwungen“ wäre, mich nur von dem zu ernähren, was hier im engsten Umkreis zu finden ist.

Und ganz abgesehen davon liebe ich die Abendspaziergänge entlang der Brombeerhecken! Viele meiner Bekannten verschmähen Brombeeren als zu sauer und zu hart. Ich frage sie dann immer, ob sie schon einmal die erste Ernte probiert haben – also die allerersten Beeren, die an den Zweigen reif werden. Die sind nämlich groß, süß und saftig und prall voll mit Geschmack! Wunderbar! Allein dafür lohnen sich all die Risse und Kratzer an Kleidung und Händen. Das Geheimnis der guten Küche ist nun einmal, die rechten Sachen zur rechten Zeit zu verwenden. Erdbeeren sind im Januar eben nicht besonders süß. Und ein zu spät geschlachtetes Lamm schmeckt nun einmal nach Hammel, egal, wie viel Knoblauch, Rosmarin und Zitrone man dazu gibt.

GRATIS-ÜBERFLUSS

Was Obst und Beeren betrifft, sind sich die meisten gar nicht bewusst, in welchem Überfluss wir eigentlich leben. Schauen Sie sich einmal im Spätherbst in einer Wohngegend um und zählen all die Apfelbäume, deren Früchte einfach unbeachtet zu Boden fallen! Traurig ist das ... Und dann schauen Sie zur selben Zeit in den Supermarkt –

Plastikschachteln voller Gewächshausbeeren! Warum kaufen wir eigentlich lieber sauteure, mäßig schmeckende Industriefrüchte zu einer Zeit, wo die Gärten rund um uns herum voller reifer Äpfel und Birnen sind?

GEFRIER-TETRIS-MEISTERSCHAFT

Das Lästigste an der Erntezeit für Obst und Beeren ist für mich, dass mir dabei schnell der Platz im Gefrierschrank ausgeht. Jeden Herbst werde ich besser im Gefrierschrank-Tetris! Trotzdem dort bereits kein Platz mehr ist, müssen dennoch unbedingt ein paar Tüten mit frischen Beeren und Apfelmus mit hinein oder ein paar selbst auf dem Feld gepflückte Maiskolben, oder ein Paket Rehfleisch, das uns der Freund der Schwiegermutter unseres Nachbarn vorbei gebracht hat. Und dann bekommen wir auch noch das verlockende Angebot, ein halbes Schwein preiswert zu kaufen – ICH BRAUCHE EINEN GRÖSSEREN GEFRIERSCHRANK!

Wenn Sie das Problem kennen und weder Platz noch Geld für einen zweiten Gefrierschrank haben, gibt es eine Lösung für Sie. Man kann Beeren und Obst nämlich auch auf andere Weise frisch halten, zum Beispiel, indem man sie zu Marmelade, Konfitüre oder Saft verarbeitet. Man muss nur darauf achten, dass die verwendeten Gläser sauber und keimfrei sind (siehe dazu Seite 145) und dass der Schaum, der sich beim Kochen bildet, sorgfältig entfernt wird (darin sitzen nämlich die meisten Bakterien). Und vorher müssen Obst und Beeren natürlich sorgfältig geputzt werden. Und Äpfel, Birnen, Himbeeren und Erdbeeren kann man auch prima lufttrocknen!

Alte Apfelsorten für den Obstgarten:
• Goldparmäne • Gravensteiner
• Klarapfel • Ingrid Marie
• Goldrenette • Roter Boskoop

VIEL GUTES FÜR WENIG GELD

Wenn Sie von Natur aus ein wenig träge sind und es Ihnen zu viel Arbeit macht, hinaus in Wald und Feld zu gehen, um Obst und Beeren zu pflücken, dann können Sie auch Beerenbüsche im Garten pflanzen. Dann spart man sich zumindest die langen Wege. Das geht manchmal auch, wenn Sie keinen eigenen Garten haben – vielleicht ist ja ein wenig Platz in den Beeten vor Ihrem Wohnblock? Ein Beerenstrauch ist nicht teuer, macht sich aber schnell bezahlt. Und viele Sorten kann man auch gut als Balkongewächse ziehen.

Mein Geheimtipp sind übrigens gelbe Himbeeren! Ich liebe sie einfach und habe Mengen davon im Garten stehen. ‚Golden Queen' ist eine dankbare und pflegeleichte Sommer-Sorte, die mehrmals Früchte trägt. Man braucht nur die Zweige abzuschneiden, die Früchte getragen haben und dann bilden sich wieder neue Triebe. In guten Jahren kann man drei bis viermal frische Himbeeren ernten! Außer, dass die Beeren groß, süß und saftig sind, haben sie noch einen anderen Riesenvorteil: Die Vögel begreifen nämlich nicht, dass diese gelben Früchte auch Himbeeren sind und lassen sie daher links liegen!

ÄPFEL

Äpfel dürfen eigentlich in keinem Obstgarten fehlen. Ich selber habe etliche Apfelbäume und es ist immer wieder spannend, zu sehen, wie die Ernte ausfällt. In manchen Jahren gibt es kaum einen einzigen Apfel, während sich in anderen Jahren die Zweige vor Früchten nur so biegen. Dann bringe ich gerne ein paar Kisten voll in die Mosterei. Ich bitte sie, den Most zu pasteurisieren. Dann hält der Saft so lange, dass ich ihn in ernteschwachen Jahren zu Gelee verarbeiten kann. Oder einfach so trinken. Oder Sorbet daraus machen. Oder leckere Cocktails. Für trockenen Cider allerdings darf der Saft nicht pasteurisiert sein. Was man aus den Äpfeln macht, hängt vor allem von Sorte und Geschmack ab. Ich kaufe oder pflanze gern sehr verschiedene Sorten, denn dann habe ich immer den richtigen Apfel zur Hand – zum Kochen, für Chutney, zum Mosten oder zum Backen. Und natürlich zum so essen!

EIN WAHRES FEST

In den ersten eigenen Apfel des Jahres zu beißen, ist für mich immer ein ganz besonders festlicher Augenblick – fast genau so schön wie die erste Erdbeere zu pflücken! Ich mag die knackigen, saftigen und leicht säuerlichen Sorten am allerliebsten. Diese Äpfel landen bei mir meist im Apfelkuchen, und ich finde, dass ihre feine Säure besonders gut zu der Süße von Rohrzucker oder Honig passt. Süßere, etwas weichere Äpfel verarbeite ich zu Apfelmus und friere es ein für kalte Wintertage, wo es herrlich zu warmer Hafergrütze schmecken.

WINTERLAGERUNG

Je nach Sorte reifen die ersten Äpfel schon im Spätsommer, während die spät reifenden Sorten bis fast in den Winter hinein geerntet werden können. Wenn man die Äpfel im Ganzen lagern will, braucht man dafür vor allem einen kühlen, dunklen Ort. Sie sollen möglichst sauber und unbeschädigt sein und genügend Abstand zu einander haben, damit sie nicht faulen. Am besten lagert man sie in Apfelkisten oder andere flache Kartons. Dadurch kann man schlecht gewordene Äpfel sofort erkennen und rechtzeitig entfernen, damit sie nicht die anderen „anstecken".

APFELKRAPFEN MIT NOUGAT

Meine Oma Lilly hat zu Weihnachten immer das traditionelle schwedische Anisbröd gebacken – und jedes Mal, wenn ich es selbst backe, erinnere ich mich wieder daran, wie sehr ich als Kind Schmalzgebäck geliebt habe. Daher war es eigentlich logisch, dass ich irgendwann auf den Gedanken kam, einfache Krapfen mit Nougat und Apfelmus zu füllen und in Zucker und Zimt zu wenden. Mit einem Glas Milch dazu einfach unübertrefflich!

Ca. 25 Krapfen
Ca. 45 Minuten + 20 Minuten + 1 Stunde gehen lassen

100 ml handwarme Vollmilch
25 g Hefe
Ca. 325 g Mehl
75 g Butter, Zimmertemperatur
50 g Zucker
2 Eier
100 ml Apfelmus
100 g Nougat
Frittierfett
Zucker
Zimt

1) Die Milch auf 37 °C erwärmen. Die Hefe zerdrücken und in der Milch auflösen. Mit 100 g Mehl verrühren und zugedeckt ca. 20 Minuten gehen lassen.

2) Butter und Zucker glatt rühren und unter ständigem Rühren nacheinander die Eier dazu geben. Es macht nichts, wenn das Ganze etwas ausflockt! Die Mischung mit dem aufgegangenen Hefeteig verrühren, dann das restliche Mehl dazu geben.

3) Den Teig auf eine mit reichlich Mehl bestäubte Arbeitsfläche geben und ca. ½ cm dick ausrollen. Dann Plätzchen mit 8–10 cm Durchmesser ausstechen. In die Mitte jedes Plätzchens ein haselnussgroßes Stück Nougat und ca. ½ –1 Teelöffel voll Apfelmus geben. Die Plätzchen zu kleinen Kugeln formen (die Kanten zusammenkneifen) und mit der Nahtstelle nach unten auf einen mit Backpapier ausgelegten Teller legen. Mit einem Küchenhandtuch zugedeckt ca. 1 Stunde gehen lassen.

4) Das Frittierfett in einem großen Topf auf ca. 170–180 °C erhitzen. (Schalten Sie die Dunstabzugshaube aus und halten den Topfdeckel bereit, falls das Fett Feuer fängt. In diesem Fall sofort den Herd ausschalten und den Deckel auflegen!) Wenn Sie kein Küchenthermometer haben, prüfen sie die Temperatur mit einem kleinen Stück Weißbrot. Wenn dies innerhalb von 30 Sekunden goldbraun wird, ist das Fett heiß genug.

5) Je 3–4 Krapfen zu gleicher Zeit goldbraun frittieren (das dauert ca. 3 Minuten). Zwischendurch einmal umdrehen, dann auf Küchenpapier abtropfen lassen und in Zimt und Zucker rollen.

Die Krapfen schmecken natürlich ganz frisch und noch warm am besten, aber man kann sie auch prima einfrieren! In diesem Fall sollte man sie jedoch erst kurz vor dem Servieren in Zimt und Zucker wenden. Damit der Zucker darauf hält, die Krapfen vorher einfach mit etwas Wasser betupfen.

KLASSISCHER RUMTOPF

Rumtopf ist eine andere traditionelle Methode, Beeren und Früchte in der Reihenfolge, in der sie reif werden, haltbar zu machen. Dazu braucht man ein ausreichend großes Gefäß, das im Laufe der Zeit nach und nach mit den Früchten der Saison gefüllt wird. Ich selbst mag dafür Steinobst wie Pflaumen, Kirschen, Pfirsiche oder Aprikosen am liebsten, aber Erdbeeren oder Brombeeren funktionieren auch sehr gut.

1 großer Rumtopf

1 Vanillestange
500 g Zucker
Ca. 75 cl guter brauner Rum
Ca. 2 Liter (1 kg) gemischte Beeren oder Steinobst, z. B. Pflaumen, Kirschen, Pfirsiche oder Aprikosen

1 sauberes (siehe Folgerezept) Gefäß mit Deckel (ca. 3 Liter)

1) Die Vanillestange der Länge nach halbieren, das Mark herausschaben und mit dem Zucker mischen. Früchte oder Beeren gründlich putzen und mit dem Zucker in das Gefäß geben und gut mischen. Deckel aufsetzen und über Nacht in den Kühlschrank stellen.

2) Das Gefäß aus dem Kühlschrank nehmen und den Inhalt mit Rum aufgießen, bis dieser gerade bedeckt ist. Es macht nichts, wenn sich der Zucker nicht ganz aufgelöst hat, das wird im Laufe der nächsten Wochen garantiert geschehen. Durch Umrühren könnte das Obst jedoch beschädigt werden! Den Rumtopf kühl stellen und nach und nach weitere Früchte nachlegen. Diese sollen immer gerade bedeckt sein – also bei Bedarf mehr Rum nachgießen.

3) Vor dem Servieren mindestens 1 Monat lang stehen lassen (am liebsten im Kühlschrank). Wenn Sie es mit der Sauberkeit sehr genau genommen haben, kann man ihn problemlos mehrere Monate stehen lassen. Schmeckt wunderbar zu Schlagsahne oder Eis – oder auf in Butter gebratener Brioche mit Schlagsahne.

Ich habe in den letzten Jahren so oft trockenen Cider vermisst – oder um genau zu sein, eher Cidre, die französische Variante mit relativ geringem Alkoholgehalt – dass wir schließlich beschlossen, es einmal selbst damit zu versuchen. Als wir unsere Boskoop-Äpfel zum Mosten brachten, zweigten wir daher einen Teil vor dem Pasteurisieren ab und füllten damit eine große Ballonflasche. Inzwischen ist die Hefegärung abgeschlossen und wir haben den Most mit sehr wenig Zucker auf Flaschen gefüllt. Und warten gespannt auf das Ergebnis!

INLAGD
LÖK
-13
Syltade
gröna
SVARTVINBÄR
MARMELAD
-14
RABARBER
MARMELAD
-14
MARMELAD
-14

RHABARBER-ORANGENMARMELADE

Dünne Rhabarberstängel brauchen nur gehackt zu werden, dicke, holzige Stängel sollte man dagegen vorher schälen.

2 kleine Gläser
Ca. 40 Minuten

400 g geschälter Rhabarber
Abgeriebene Schale von 1 unbehandelten Orange
75 ml frisch gepresster Orangensaft
1 Vanillestange
300 g Zucker

1) Den Rhabarber fein hacken und mit Orangensaft und -zeste in einen Topf (kein Aluminium!) geben. Die Vanillestange der Länge nach halbieren, das Mark herausschaben und beides in den Topf geben.

2) Aufkochen und den Zucker darin auflösen. Auf mittlerer Hitze ohne Deckel 30–40 Minuten lang kochen und in heiße, saubere Gläser geben. Deckel schließen und zum Abkühlen verkehrt herum hinstellen.

SCHWARZE JOHANNISBEER-KONFITÜRE

Mamas Johannisbeer-Konfitüre ist in unserer Familie der Klassiker. Ich habe dem Rezept noch Portwein zugefügt. Dadurch passt diese Konfitüre nicht nur an den Frühstückstisch, sondern auch auf Zwieback oder Knäckebrot zur Kaffeepause oder abends auf das Käsebrett!

2 kleine Gläser (oder 1 großes)
Ca. 30 Minuten

1,5 Liter schwarze Johannisbeeren
50 ml Portwein
500 g Gelierzucker

1) Johannisbeeren putzen und mit Portwein und der Hälfte des Zuckers in einem Topf mit dickem Boden aufkochen. Die Beeren auf mittlerer Hitze weichkochen (ca. 5 Minuten), dann vorsichtig mit einem Kartoffelstampfer zerdrücken.

2) Den restlichen Zucker dazu geben und nochmals 5 Minuten kochen, dann vom Herd nehmen und etwa 10 Minuten stehen lassen. Wie unten beschrieben weiterverarbeiten.

Sauberkeit ist beim Einkochen von Früchten und Beeren äußerst wichtig. Saubere Hände und gut gewaschene und geputzte Zutaten verstehen sich wohl von selbst, aber auch die Gläser müssen peinlich sauber sein.

Um sicherzugehen, dass die Gläser keimfrei sind, werden sie folgendermaßen vorbereitet: Die gespülten Gläser in den kalten Backofen stellen und diesen dann auf 100 Grad erhitzen. Wenn die volle Temperatur erreicht ist, 15 Minuten warten, dann den Ofen ausschalten und die Gläser noch 10 Minuten darin stehen lassen. Die Konfitüre in die Gläser füllen, während sie noch heiß sind. Dann die Gläser für ein paar Minuten auf den Kopf stellen.

Es empfiehlt sich außerdem, den Schaum, der sich beim Kochen von Gelee und Konfitüre bildet, sorgfältig mit einer Schaumkelle abzuschöpfen. Darin bilden sich nämlich gern unerwünschte Bakterien.

KALT GERÜHRTER ERDBEERSAFT MIT SCHWARZEN JOHANNISBEER-BLÄTTERN

Wenn ich einmal eine größere Menge von Erdbeeren brauche, pflücke ich sie auf einem der Erdbeerfelder, die ein paar Kilometer von unserem Haus entfernt liegen. Daraus mache ich dann den wunderbarsten kalt gerührten Erdbeersaft, den man sich vorstellen kann! Mit ein paar frischen schwarzen Johannisbeerblättern schmeckt er sogar noch besser, wenn das überhaupt geht. Wenn man die Blätter weglässt oder nach dem Abseihen herausnimmt, kann man aus dem zurückgebliebenen Erdbeermus herrliche Konfitüre kochen.

Ca. 2 Liter konzentrierter Saft
Ca. 20 Minuten + 1 Tag Ruhezeit

1 kg geputzte und gespülte Erdbeeren
30 g schwarze Johannisbeerblätter
1 unbehandelte Zitrone
20 g Zitronensäure
1 Liter kaltes Wasser
1 kg Zucker pro kg Saftflüssigkeit

1) Die Erdbeeren in einer großen Schüssel mit dem Schneebesen grob zerdrücken – nicht zu kräftig, sonst wird der Saft zu trübe! Die Blätter gut abspülen, die Zitrone waschen und in dünne Scheiben schneiden und zu den Erdbeeren geben. Gut mischen, dann die Zitronensäure darüber streuen und das Wasser hinzu geben. An einem kühlen, dunklen Ort zugedeckt 1 Tag stehen lassen.

2) Den Saft abseihen und den Zucker darin auflösen. Dann in doppelte Plastiktüten oder Plastikflaschen abfüllen und einfrieren.

PFLAUMENKOMPOTT MIT KÄSE

Einen guten Brie oder Camembert, serviert mit einem leckeren Pflaumenkompott – einen besseren Nachtisch muss man lange suchen!

4–6 Portionen
Ca. 30 Minuten

Kompott
500 g entsteinte Pflaumen
200 ml Portwein
250 g Muscovadozucker
1 TL schwarze Pfefferkörner
100 g geschälte Mandeln

1 ganzer Camembert oder Brie

1) Die Zutaten für das Kompott zusammen aufkochen, den Deckel auflegen und die Pflaumen weichkochen (ca. 25 Minuten). Gelegentlich umrühren.

2) Den Käse im Ofen oder in der Mikrowelle vorsichtig erwärmen. Mit dem heißen Pflaumenkompott übergossen servieren.

RHABARBER-PIE MIT BAISERDECKE

Diesen Pie mache ich, wenn mir einmal nicht nach Streuselkuchen zumute ist und ich etwas Eindruck schinden will!

8–10 Portionen
Ca. 35 + ca. 40 Minuten

Pie
225 g Mehl
50 g Puderzucker
1 TL Salz
125 g Butter aus dem Kühlschrank
1 kleines Ei

Füllung
600 g Rhabarber (dünner Rhabarber braucht nicht geschält zu werden)
400 g Zucker
Abgeriebene Schale und Saft 1 großen unbehandelten Zitrone
1 Vanillestange

Baiser
50 ml Wasser
125 g Zucker
2 Eiweiß
1 ½ EL Zucker

1) Alle trockenen Zutaten für den Pie gut verrühren. Die Butter in Würfel schneiden, dazu geben und schnell zu einer krümeligen Masse verarbeiten. Das Ei hineingeben und rasch weiterkneten, bis sich ein glatter Teig gebildet hat.

2) Den Teig auf leicht bemehltem Backpapier zu einem ca. 2–3 mm dünnen Kreis ausrollen. Die Teigplatte im Papier zusammenrollen und 20 Minuten in den Kühlschrank legen.

3) Den Ofen auf 225 °C vorheizen. Eine niedrige 28 cm-Pieform sorgfältig mit dem Teig auskleiden, gut an Boden und Rändern andrücken und den überstehenden Teig abschneiden. (Übriggebliebenen Teig einfrieren oder im Kühlschrank aufbewahren – super für Törtchen!). Den Boden mit einer Gabel mehrmals einstechen und wieder 20 Minuten in den Kühlschrank stellen. Auf der mittleren Ofenschiene goldbraun backen (Ca. 12–15 Minuten). Abkühlen lassen.

4)
Den Rhabarber fein hacken und mit Zucker sowie Zitronensaft und -zeste in einen Topf (kein Aluminium!) geben. Die Vanillestange der Länge nach halbieren, das Mark herausschaben und beides in den Topf geben. Den Deckel auflegen und den Rhabarber auf mittlerer Hitze weich kochen. Gelegentlich umrühren. Den Deckel abnehmen und das Kompott abkühlen lassen. Die Vanillestange herausnehmen und das Kompott auf dem Pieboden verteilen.

5) Wasser und die größere Zuckermenge zusammen aufkochen. Den Deckel auflegen und auf niedriger Hitze auf 122 °C erhitzen (das dauert ca. 7 Minuten). Nehmen Sie dabei ein Küchenthermometer zu Hilfe.

6) Derweil das Eiweiß mit der kleineren Menge Zucker sehr steif schlagen. Die heiße Zuckerlösung bei langsam laufendem Mixer in dünnem Strahl zugeben, dann kräftig schlagen, bis die Baisermasse abgekühlt ist (in einem kalten Wasserbad geht es schneller!).

7) Die Baisermasse auf dem Pie verteilen oder aufspritzen und nach Geschmack mit Hilfe eines Gasbrenners bräunen. Man kann diesen Pie gut ein paar Stunden vor dem Servieren machen. Reste halten sich 1–2 Tage im Kühlschrank frisch.

TRIFLE MIT BEEREN UND CRÈME ANGLAISE

Wenn die Zeit nicht für einen klassischen Streuselkuchen reicht, ist dieses Trifle eine prima Alternative. Die Wahl der Beeren bleibt ganz Ihnen überlassen – zum Beispiel Himbeeren, Brombeeren oder Erdbeeren oder eine Mischung mehrerer Sorten. Die Vanillesauce ist einfach wunderbar lecker, wenn ich das selbst einmal sagen darf. Sollte sie ein wenig ausflocken, kann man sie retten, indem man etwas kalte Sahne darunter rührt.

4 Portionen
Ca. 40 Minuten

Streusel
100 g Butter
100 g Mehl
1 EL Zucker
1 EL frisch gemahlener Kardamom

Crème Anglaise (Vanillesauce)
3 Eigelbe
300 ml Sahne
300 ml Vollmilch
1 Vanillestange
3 EL Zucker
4 TL Maizena

200 ml frische Beeren
1 EL Zucker

1) Den Ofen auf 200 °C vorheizen. Butter, Mehl, Zucker und Kardamom zusammen in eine Schüssel geben und mit den Fingerspitzen zu Streuseln verreiben. Die Streusel auf ein mit Backpapier ausgelegtes Backblech legen und auf der mittleren Schiene knusprig und goldbraun backen. Abkühlen lassen und zerbröseln.

2) Alle Zutaten für die Vanillesauce in einen Topf geben und auf schwacher Hitze unter ständigem Rühren kochen, bis die Sauce abgebunden hat. Dann durch ein Sieb in eine saubere Schüssel streichen.

3) Die Sauce in einem kalten Wasserbad so lange schlagen, bis sie abgekühlt ist. Wenn man das kalte Wasser mehrmals wechselt, geht das noch schneller.

4) 1/3 der Beeren mit dem Zucker verrühren, bis dieser sich aufgelöst hat. Die restlichen Beeren dazu geben. Dann abwechselnd mit den Streuseln und der Vanillesauce in eine Glasschüssel oder auf Portionsschalen verteilen. Sofort servieren oder vorher 30 Minuten in den Kühlschrank stellen.

ERDBEERQUARK MIT BAISER UND KRÄUTERN

Dieses Dessert wird noch erdbeeriger, wenn man frisches Erdbeerpüree mit etwas Puderzucker verrührt und dann einen Tag lang einfriert. Das gefrorene Püree der Gabel zu einem lockeren Granita aufrühren, oben auf den Erdbeerquark geben und sofort servieren.

4 Portionen
Ca. 10 Minuten

200 ml Quark
3 EL Puderzucker
Ca. 300 g frische Erdbeeren
Ca. 15 Baisers (selbst gemachte oder fertige gekaufte)
½ Handvoll spanischer Kerbel (Süßdolde), gezupft
½ Handvoll Zitronenverbene, gehackt
2–3 Haferkekse, zerbröselt
½ TL Zucker
2 Prisen frisch gemahlener Kardamom

Quark und Puderzucker verrühren und auf vier Dessertteller verteilen. Die Erdbeeren in dünne Scheiben schneiden und auf dem Quark verteilen. Baiser und frische Kräuter mischen und auf die Erdbeeren geben. Haferkeksbrösel darüber streuen. Zucker und Kardamom mischen, das Dessert damit bestreuen und sofort servieren.

←

Dies hier ist wirklich die weltbeste Crème Anglaise! Ich verwende sie gern für Streusel– oder Apfelkuchen. Einfach himmlisch!

Zucker ist schlecht, Honig ist gut – das versuche ich mir zumindest einzureden, wenn mich mal wieder der Hunger nach Süßem überkommt. Na ja, um ehrlich zu sein, esse ich auch manchmal Industriezucker. Das sieht man ja schon allein an den Rezepten in diesem Buch.

Aber ich möchte hier doch einmal eine Lanze für den Honig brechen. Und das aus verschiedenen Gründen. Zu erst einmal ist Honig natürlich gesund, klar – aber es gibt davon außerdem so viele verschiedene Sorten. Der Geschmack hängt davon ab, wo die Bienen ihren Nektar hergeholt haben. Die Herkunft des Honigs ist kein cleverer Verkaufstrick – es macht geschmacklich tatsächlich einen Riesenunterschied!

Bei uns kümmert sich eine Dorfbewohnerin um die Bienen. Dreimal im Jahr schleudert sie die Waben ihrer Bienen, um daraus den Honig zu gewinnen, den diese aus dem Nektar der Blüten dieser Gegend gemacht haben. Man merkt es diesem Honig tatsächlich am Geschmack an, dass auf den umliegenden Feldern Wechselanbau betrieben wird: In manchen Jahren schmeckt er stark nach Raps, dann wieder nach Wiesenblumen und manchmal auch nach Obstblüten und so weiter.

Ich würde selbst auch gern einmal Bienen halten, denn mir gefällt der Gedanke an dickflüssigen, goldenen Honig von eigenen Bienen. Und der Gedanke an Tausende von Bienen (ein Volk besteht aus 40.000 – 80.000 Bienen), die in einem Stock wohnen. Nun ja, vielleicht im nächsten Sommer ...

ICH LIEBE DAS SUMMEN DER BIENEN ...

Ich finde, Honig ist eines der coolsten Beispiele für Produktentwicklung überhaupt, und ein Bienenvolk eine ganz spezielle Lebens- und Produktionsgemeinschaft. Es besteht fast ausschließlich aus unfruchtbaren Weibchen, den Arbeiterinnen. Diese haben verschiedene Aufgaben, von der Brutpflege bis zum Futtersammeln.

Das einzige fruchtbare Wesen in einem Bienenvolk ist die Königin. Und ein spezielles Pheromon, ein Duftstoff, sorgt dafür, dass sie das auch bleibt. Dieser Duftstoff unterdrückt nämlich bei den Arbeiterinnen die Eiablage.

Männliche Wesen, Drohnen genannt, gibt es im Volk nur für ein paar Wochen im Jahr. Ihr Lebenszweck gilt einzig der Begattung der Königin während ihres Hochzeitsfluges. Und dann sterben sie. Die Armen.

… DENN HONIG IST MEINE LEIDENSCHAFT

Nicht allein, dass so ein tausendfältiges Bienenvolk dem Wetter und dem Wechsel der Jahreszeiten dadurch standhält, dass es quasi als ein einziger großer Organismus funktioniert – sie sind außerdem Meister darin, den gesammelten Blütennektar in flüssiges Gold zu verwandeln.

Die Basis eines Bienenstocks sind die Waben, sechseckige Wachszellen, in denen die von der Königin gelegten Eier heranwachsen. Heute besteht so ein Bienenstock meist aus einem hölzernen Kasten mit einem Flugloch am Boden, den der Imker den Bienen zur Verfügung stellt. Darin befinden sich Holzrahmen, in denen die Bienen ihre Waben bauen. In dem Maße, in dem das Bienenvolk wächst, werden dem Stock neue Rahmen hinzugefügt (weshalb Bienenkästen oft unterschiedlich hoch sind). Der Deckel ist abnehmbar, damit man die Waben entnehmen kann, und schützt außerdem den Bienenstock vor Wind und Wetter. Wenn die Rahmen voller Honig und daher erntefertig sind, wird ihnen ein Sperrgitter vorgeschoben, damit die Bienen dort keine weiteren Eier mehr ablegen können.

Man könnte meinen, dass das einzig Wichtige an Bienen ihr Honig ist, aber weit gefehlt! Bienen sorgen für das Bestäuben von Blumen, Pflanzen, Büschen und Bäumen und damit für deren Fortpflanzung. Außerdem liefern sie neben Honig auch Bienenwachs, Propolis und den supernützlichen Blütenpollen (wunderbar gegen Erkältung!). Daher ist es sehr besorgniserregend, dass die Bienen weltweit jedes Jahr weniger werden.

Die natürliche Bestäubung durch Bienen spielt eine enorm wichtige Rolle für Gartenbau und Landwirtschaft. Eine optimale Bestäubung hält den Pflanzenbestand gesund und lebensfähig. Je weniger Bienen ihrer Aufgabe nachgehen können, desto schwächlicher und anfälliger werden die Pflanzen und damit auch ihre Früchte – so findet man zum Beispiel inzwischen Erbsenschoten, in denen kaum mehr als eine Erbse sitzt.

Wenn Sie selbst einen Beitrag zur Erhaltung der Natur leisten wollen, können Sie sich ein Bienen- oder Insektenhotel zulegen. Vielleicht haben Sie das Glück, dass sich eine Wildbienenkönigin dort niederlässt. Natürlich bekommen Sie dadurch keinen Honig, wohl aber das gute Gefühl, etwas für den Garten getan zu haben.

SO VIELE SORTEN VON HONIG

Wie ist es eigentlich möglich, Honig aus einer bestimmten Sorte von Blüten zu bekommen? Ganz einfach: Man sorgt dafür, dass der Bienenstock leer ist, wenn eine bestimmte Pflanzenart (beispielsweise Lavendel oder Löwenzahn) in der Nähe zu blühen beginnt. Und dann nimmt man die Waben heraus, sobald die Blütezeit vorbei ist. Da kann man ziemlich sicher sein, dass der Honig darin überwiegend aus dieser Sorte besteht.

HONIG TUT GUT

Honig ist nicht nur lecker, sondern auch sehr gesund. Seine entzündungshemmenden und antibakteriellen Eigenschaften sind inzwischen hinlänglich bekannt. Man kann ihn entweder direkt auf offene Wunden streichen oder ihn bei Erkältung löffelweise einnehmen. Er darf jedoch nicht allzu sehr erhitzt werden, da er dadurch viel von seiner Heilwirkung verliert. Vorsicht also mit Honig in zu heißem Tee!

Honig und vor allem Pollen enthält auch eine Menge von Antioxidantien, die uns gegen freie Radikale schützen. Was bedeutet das konkret? Kurz gesagt, Honig stärkt die Abwehrkräfte des Körpers gegen Krankheiten und andere Bedrohungen von Außen. Außerdem ist Honig reich an weiteren nützlichen Dingen wie Enzymen, Proteinen, Aminosäuren, Vitaminen und Mineralstoffen.

Blüten, die Bienen mögen:

- *Heidekraut • Linde • Huflattich*
- *Weidenröschen • Klee • Obstblüten*
- *Himbeeren • Kornblumen • Löwenzahn*
- *Sal-Weide • Lavendel • Minze • Thymian*
- *Fingerhut • Wicken • Mohn • Disteln*
- *Nesseln • Stachelbeere • Ahorn*

Das hier ist sozusagen Pannacotta de luxe! Die ganz besondere Cremigkeit dieses Desserts kommt daher, dass eine Hälfte der Sahne auf die Hälfte eingekocht wurde.

REDUZIERTE PANNACOTTA MIT BEEREN UND HONIG

4 Portionen
Ca. 45 Minuten + 4 Stunden im Kühlschrank

800 ml Sahne
2 Blätter Gelatine
1 Vanillestange
2 EL Zucker

Zum Servieren
2 EL Honig
2 EL Holunderblütensirup
50 ml Beeren (frisch, tiefgekühlt oder aus der Dose)

1) Die Hälfte der Sahne in einem Topf mit dickem Boden auf mittlerer Hitze auf die Hälfte der Flüssigkeit einkochen. Gelegentlich umrühren, damit nichts anbrennt. Die heiße Sahne durch ein feinmaschiges Sieb abseihen.

2) Die Gelatine ca. 10 Minuten in kaltem Wasser einweichen. Die Vanillestange der Länge nach halbieren und das Mark heraus kratzen, dann beides zusammen mit der restlichen Sahne und dem Zucker zu der reduzierten Sahne in den Topf geben. Aufkochen und umrühren, bis sich der Zucker aufgelöst hat. Den Topf vom Herd nehmen, die Gelatine hineingeben und rühren, bis sie sich aufgelöst hat.

3) Ca. 20 Minuten stehen lassen, dann die Vanillestange herausnehmen. Die Flüssigkeit auf 4 Dessertschalen verteilen und mit Frischhaltefolie zugedeckt mindestens 4 Stunden in den Kühlschrank stellen.

4) Den Honig vorsichtig erwärmen, bis er flüssig ist, dann mit dem Sirup verrühren. Die Beeren hineingeben und gut mischen, dann auf der Pannacotta verteilen.

HOLUNDERBLÜTEN-PFANNKUCHEN

Ca. 16 Pfannkuchen
Ca. 20 Minuten

250 ml Vollmilch
2 Eier
75 g Mehl
2 EL Puderzucker
25 g zerlassene Butter
1 Prise Salz
12–16 Holunderblütendolden
Butter zum Braten
Puderzucker zum Bestäuben

1) Milch, Eier und Mehl verquirlen, dann Puderzucker, Butter und Salz dazu geben und zu einem flüssigen Pfannkuchenteig verrühren.

2) Die Blütendolden gut abspülen, damit keine kleinen Insekten darauf zurückbleiben. Auf Küchenpapier abtropfen lassen. Die Butter in einer Bratpfanne erhitzen. Die Blütendolden gründlich in den Pfannkuchenteig tauchen und in die Pfanne geben. Auf einer Seite goldbraun braten, derweil die Stiele mit einer Schere abschneiden, wenden und fertig braten. Mit Puderzucker bestäuben und sofort servieren. Dazu schmeckt eine Kugel Vanilleeis.

Holunder (Sambucus nigra) bildet feine weiße Blütendolden, mit denen man wunderbare Dinge anstellen kann. Die grünen Beeren lassen sich wie Kapern einlegen und aus den reifen schwarzen Beeren kann man im Spätsommer Saft kochen.

BROWNIES MIT SCHOKOLADENCREME UND NÜSSEN

Von manchem Gebäck kann man einfach nie genug bekommen – zum Beispiel Zimtkrapfen, Plätzchen aller Art und vor allem Brownies. Mit einer Kugel Eis oder Schlagsahne wird daraus ein tolles Dessert. Dieses Rezept ist superluxuriös, denn es enthält die dreifache Menge von Schokolade UND dazu noch Schokoladencreme! Diese könnte man natürlich auch weglassen ...

Ca. 20 Portionen
Ca. 45 Minuten

Schokoladencreme
200 g Schokolade, ca. 70 % Kakaoanteil
100 ml Schlagsahne
70 g Honig
20 g zimmerwarme Butter

Brownieteig
225 g Butter
200 g Schokolade, ca. 70 % Kakaoanteil
4 Eier
250 g Muscovado-Zucker
1 TL Salz
165 g Mehl
100 ml Kakaopulver
100 g Schokolade, ca. 70 % Kakaoanteil
Ca. 150 g gemischte Nüsse und Mandeln

Belag
100 g gesalzene Erdnüsse
100 g Mandeln

Tipp:
Brownies oder andere, besonders reichhaltige Schokoladenkuchen werden noch besser, wenn man sie ein paar Stunden in den Kühlschrank stellt. Dadurch ziehen sie Feuchtigkeit und werden himmlisch saftig!

1) Schokoladencreme: Die Schokolade fein hacken. Milch und Honig zusammen aufkochen und über die Schokolade gießen. Umrühren, bis sich die Schokolade aufgelöst hat. Auf ca. 38 °C abkühlen lassen (Küchenthermometer zu Hilfe nehmen), dabei gern umrühren, dann geht das schneller. Die Butter in kleine Würfel schneiden und in 2–3 Portionen mit dem Schneebesen unter die Creme rühren. Kräftig schlagen, dann verbindet sich die Butter besser mit der Schokoladensahne. Beiseite stellen.

2) Den Ofen auf 175 °C vorheizen. Die Butter in einem Topf zerlassen, die Schokolade grob hacken, in die heiße Butter geben und den Topf vom Herd nehmen. Umrühren, bis sich die Schokolade aufgelöst hat. Etwas abkühlen lassen. Eier und Zucker leicht verquirlen und mit der Schokoladenmischung und dem Salz verrühren. Mehl und Kakao zusammensieben und darunter heben. 100 g Schokolade fein hacken, die Nüsse grob hacken und alles zusammen unter den Teig heben.

3) Ein ca. 20 x 30 cm großes Backblech mit Backpapier auskleiden und den Teig darauf ausstreichen. Auf der mittleren Schiene ca. 35 Minuten backen. Lieber zu kurz als zu lange backen, der Teig soll in der Mitte noch gut feucht sein! Das ganze Backblech am besten über Nacht in den Kühlschrank stellen, damit der Kuchen richtig schön feucht und weich wird (frisch gebacken ist er poröser)!

4) Den Kuchen mit der Schokoladencreme bestreichen und mit den grob gehackten Erdnüssen und Mandeln bestreuen. In Stücke schneiden und bis 15 Minuten vor dem Servieren zurück in den Kühlschrank stellen. Übrig gebliebenen Kuchen kann man übrigens wunderbar einfrieren.

Übrig gebliebene Karamellsauce hält sich mehrere Wochen lang im Kühlschrank. Wenn sie dabei ein wenig kristallisiert, kann man das durch Erwärmen schnell beheben. Aber es ist wohl ziemlich unwahrscheinlich, dass davon viel übrig bleiben wird ...
Eton Mess ist ein englisches Dessert, traditionell eine Mischung aus Beeren, Baiserstückchen und dicker Sahne.

ETON MESS MIT BROWNIES UND KARAMELLSAUCE

4 Portionen
Ca. 30 Minuten

Karamellsauce
100 g Milchschokolade
250 g Butter
250 g brauner Zucker, hell oder dunkel
250 ml Schlagsahne
5 EL Bourbon-Whisky oder brauner Rum
Flockensalz nach Geschmack

200 ml Schlagsahne
4 Brownies (siehe Rezept auf Seite 160)
150 ml geröstete Nüsse (ungesalzen)
300 ml frische Himbeeren (oder andere Beeren)

1) Schokolade und Butter grob hacken und in einem Topf mit dickem Boden zusammen mit dem braunen Zucker langsam erwärmen, bis Butter und Schokolade geschmolzen sind. Gelegentlich umrühren. Den Topf vom Herd nehmen und Sahne, Bourbon und Salz mit einem Schneebesen kräftig darunter schlagen. In den Kühlschrank stellen.

2) Die Sahne steif schlagen, die Brownies grob zerbröckeln und die Nüsse grob hacken.

3) Alles zusammen auf Dessertschalen verteilen, leicht mischen und servieren.

SCHOKOLADEN-MASCARPONECREME MIT MARACUJA-BEEREN

Ich verwende für dieses Rezept die Früchte und Beeren der Saison – die Auswahl hängt nur vom persönlichen Geschmack ab. Lecker sind z. B. auch Kirschen, Pflaumen, Nektarinen und Pfirsiche. Wer es etwas knuspriger mag, gibt noch ein paar zerdrückte Cantuccini oder andere Kekse mit hinein.

4 Portionen
Ca. 40 Minuten

Mascarponecreme
75 ml Schlagsahne
50 g weiße Schokolade
100 g Mascarpone

Obstsalat
1 EL Rohzucker
1 EL frisch gepresster Zitronensaft
2 Maracujafrüchte
500 ml frische Erdbeeren, Himbeeren oder Blaubeeren

1) Die Sahne auf schwacher Hitze langsam zum Kochen bringen, dabei gelegentlich umrühren. Die Schokolade hacken und in der Sahne schmelzen. Die Mascarpone aufschlagen und mit der Sahnemischung verrühren. Mindestens 2 Stunden in den Kühlschrank geben.

2) Zucker, Zitronensaft und den Inhalt der Maracujafrüchte in einem Mörser zerdrücken, dann 2–3 große Erdbeeren oder andere Beeren dazu geben und zu einer glatten Fruchtsauce verreiben. Die restlichen Beeren in kleinere Stücke schneiden und ca. 20 Minuten in der Sauce marinieren. Die Beeren auf Schälchen verteilen, Mascarponecreme darauf geben und mit der restlichen Sauce übergießen.

SCHNELLE WECKEN MIT KARDAMOM, ÄPFELN UND NÜSSEN

Das ist ein sehr unterschätztes Rezept, wenn Sie mich fragen! Die Wecken sind superschnell gemacht und lassen sich mit verschiedenen Füllungen unendlich variieren.

Ca. 15 Wecken
Ca. 20 Minuten + 10 Minuten Backzeit

375 g Mehl
150 g Zucker
4 TL Backpulver
2 TL Kardamomkapseln, gemörsert
1 Prise Salz
150 g Butter
1 Ei
300 ml Vollmilch

Füllung
50 g zimmerwarme Butter
1 EL Vanillezucker
1 EL Zucker
1 Apfel
½ EL Kardamomkapseln, gemörsert
1 EL Zucker

75 ml Haselnüsse
1 verquirltes Ei zum Einpinseln

1) Den Ofen auf 220 °C vorheizen. Milch, Zucker, Backpulver, Kardamom und Salz in einer Schüssel mischen. Die Butter in kleine Würfel schneiden, dazu geben und mit den Fingerspitzen zu einer krümeligen Mischung verreiben (oder den Mixer verwenden). Eier und Milch dazu geben und alles zu einem glatten Teig verkneten.

2) Ein Muffinblech einfetten oder Muffinförmchen auf ein Backblech setzen (wenn Sie 2 ineinander stellen, wird das Ganze stabiler). Die Formen zu drei Vierteln mit dem Teig füllen.

3) Butter, Vanillezucker und 2 EL Zucker gut verrühren. Den Apfel schälen und in dünne Schnitze zerteilen. Den Kardamom mit 1 EL Zucker mischen. In jede Muffinform eine kleine Vertiefung drücken und 1 Apfelschnitz, ein wenig Kardamomzucker und einen Löffel der Buttermischung geben.

4) Die Haselnüsse grob hacken. Den Teig oben mit Ei einpinseln und mit Kardamomzucker und gehackten Haselnüssen bestreuen. Auf der mittleren Ofenschiene 10–12 Minuten goldbraun backen. Etwas abkühlen lassen und so schnell wie möglich servieren.

Alternative Füllungen:

- Apfel und Zimt
- Apfel mit einer Füllung aus Marzipanmasse, Butter und Zucker
- Blaubeeren mit einer Mischung aus Butter und Vanillezucker
- Bananen und Schokolade

KOKOSWAFFELN MIT HONIG

Die Kokosmilch macht die Waffeln saftig und sättigend.

Ca. 12 Waffeln
Ca. 15 Minuten + Backzeit

2 Eier
200 g Mehl
400 ml Kokosmilch
4 TL Backpulver
½ TL Salz
1 EL Honig
75 g zerlassene Butter
2 reife Bananen, zerdrückt
100 ml geröstete Kokosflocken
Butter zum Backen

Zum Servieren
Frisch geschleuderter Honig
Geröstete Kokosflocken nach Geschmack
Bananenscheiben nach Geschmack

1) Die Eier trennen. Die Eiweiße steif schlagen und beiseite stellen.
Die restlichen Zutaten für den Waffelteig mischen und ca. 30 Minuten stehen lassen. Dann den Eischnee unterheben.

2) Ein Waffeleisen heiß werden lassen. Je einen Klecks Butter hineingeben und die Waffeln nacheinander abbacken. Sie sollen schön goldbraun werden.

3) Die Waffeln sofort mit Honig, leicht gerösteten Kokosflocken und Bananenscheiben servieren.

HONIGKÜCHLEIN MIT ZITRONE

Diese Küchlein sind schnell gemacht und schmecken einfach herrlich. Nicht zu lange backen, sie sollen innen noch etwas weich sein.

Ca. 35 Küchlein
Ca. 30 Minuten

150 g zimmerwarme Butter
150 g Zucker
2 EL Honig
2 EL frisch gepresster Zitronensaft
abgeriebene Schale 1 Zitrone
200 g Mehl
1 TL Backpulver
1 EL Vanillezucker

1) Den Ofen auf 200 °C vorheizen. Butter, Zucker und Honig im Mixer schaumig rühren, dann Zitronensaft und -schale zugeben. Mehl, Backpulver und Vanillezucker zusammensieben und dazu geben.

2) Den Teig zu walnussgroßen Kugeln formen und auf ein mit Backpapier ausgelegtes Backblech setzen. Die Kugeln ein wenig flachdrücken. Auf der mittleren Schiene ca. 10 Minuten backen. Sie sollen nur auf der Unterseite leicht Farbe bekommen (dafür ein Küchlein anheben und nachschauen.

Waffeln kann man prima schon ein paar Tage im Voraus zubereiten und sie dann kurz im Ofen anwärmen – oder, wie meine liebe Oma Wivi, kalt mit Butter servieren.

MARMORKUCHEN

Ca. 12 Stück
Ca. 20 Minuten + ca. 1 Stunde Backzeit

Schokoladenteig
4 EL Vollmilch
75 g Butter
2 EL + 2 EL Kakao
2 Prisen Salz
1 Ei
100 g Zucker
50 g Mehl
1 TL Backpulver
100 g grob gehackte Zartbitterschokolade
150 ml grob gehackte Nüsse

Vanilleteig
3 Eier
150 g Zucker
je 75 ml Milch + Sahne
100 g Butter
200 g Mehl
200 ml Mandelmehl
1 EL Vanillezucker
1 TL Backpulver

1) Den Ofen auf 175 °C vorheizen. Eine 1,5 Liter-Backform einfetten und mit Mehl bestäuben. Milch und Butter zusammen zum Kochen bringen, den Topf vom Herd nehmen und die Butter unter Rühren schmelzen. 2 Esslöffel Kakao und das Salz zugeben und ein paar Minuten unter ständigem Rühren weiter kochen. Ei und Zucker schaumig schlagen. Mehl, 2 Esslöffel Kakao und das Backpulver zusammensieben. Die heiße Kakaomilch mit der Eimischung verrühren und dann die trockenen Zutaten sowie die Schokolade dazu geben.

2) Ei und Zucker schaumig rühren. Milch, Sahne und Butter zusammen zum Kochen bringen, den Topf vom Herd nehmen und die Butter unter Rühren schmelzen. Die heiße Sahnemilch mit der Eimischung verrühren und dann die trockenen Zutaten dazu geben.

3) Abwechselnd beide Teigsorten mitsamt der Nüsse in die Backform löffeln und mit einer Gabel ein wenig marmorieren. Auf der unteren Schiene ca. 1 Stunde backen. Stäbchenprobe machen.

LUXUS-BANANENKUCHEN

Die Kombination von dem säuerlichem Joghurt und der Süße von Karamellbonbons und Bananen gibt diesem saftigen Kuchen seinen besonderen Kick. Er wird noch besser, wenn er vor dem Servieren ein paar Tage ruhen darf.

Ca. 12 Portionen
Ca. 20 Minuten + 1 Stunde Backzeit

175 g zimmerwarme Butter
200 g Zucker
3 Eier
3 große, vollreife Bananen
300 ml Joghurt natur
2 EL starker, kalter Kaffee
300 g Mehl
100 ml Kakaopulver
1 EL Vanillezucker
1 EL Backpulver
½ TL Salz

10 weiche Karamellbonbons

1) Den Ofen auf 175 °C vorheizen. Eine 2 Liter-Backform einfetten und mit Mehl bestäuben.

2) Butter und Zucker schaumig schlagen. Nacheinander unter Rühren die Eier zugeben – es macht nichts, wenn die Mischung dabei etwas ausflockt. Die Bananen zerdrücken und mit dem Joghurt verrühren. Die trockenen Zutaten zusammensieben.

3) Unter ständigem Rühren zuerst die Bananenmischung, dann die trockenen Zutaten zu geben. Den Teig in die Backform geben und die Karamellbonbons oben drauflegen.

4) Auf der mittleren Schiene 60–70 Minuten backen. Der Kuchen ist fertig, wenn an einem in den Teig gesteckten Stäbchen kein Teig hängenbleibt.

Bei den Jägern und Sammlern in der Steinzeit war ich bestimmt eine Sammlerin. Und ich war vermutlich sehr erfolgreich, denn ich liebe, ja wirklich, LIEBE den Anblick einer Speisekammer, wohl gefüllt mit Mehl, Getreide, Dosen, Gläsern und Flaschen.

Mein erstes Kochbuch habe ich gekauft, als ich noch in der Oberstufe war. Das Kapitel über die Ausstattung einer Speisekammer ist mir seitdem unauslöschlich im Gedächtnis geblieben. So eine Speisekammer wollte ich einmal haben, wenn ich erwachsen war. Eine Speisekammer, in der das Mehl nie ausging, wo es immer verschiedene Sorten von Reis und Getreide gab (und ehrlich mal, welches Haus, das etwas auf sich hält, hat nicht mindestens vier Sorten Reis vorrätig?); in der alle Gefäße einheitlich geformt und mit hübschen Etiketten versehen waren und in der nichts jemals sein Verfallsdatum überschreitet. „Willkommen in der Realität“ würde ich heute dem Teenager von damals sagen. Denn obwohl ich heute genau so eine Speisekammer besitze, wie ich sie mir erträumt hatte – mit Regalen vom Boden bis zur Decke – so herrscht dort doch alles andere als Ordnung und es gibt so einige Sachen, die ihr Verfallsdatum überschritten haben könnten.

Doch wenn ich durch meine Speisekammertür schaue, dann überkommt mich jedes Mal ein Gefühl des Glücks und der inneren Zufriedenheit angesichts der Vielfalt darin: Vollkornroggen, mehrere Sorten Reis, Mehl bis zum Abwinken, Dosen und Flaschen, kleine Tüten voller feiner Sachen und ein Schubladenkasten für meine Kräuter!

In einer Kräuterkasten-Schublade sind Gewürze zum Kochen, in der anderen Gewürze zum Backen. Ein bisschen wie ein Archiv, könnte man sagen. Wenn ich meine Nase dort hinein stecke, steigt mir eine Kombination von Düften, Aromen und Reiseerinnerungen entgegen. Ein Erlebnis für die Sinne!

Aber was tun, wenn die Regale vor Dingen überquellen, die sich ihrem Verfallsdatum nähern? Ganz einfach: Ich backe dann meine Spezialität, das Speisekammerbrot – und aus dem Rest mache ich Müsli. Wussten Sie, dass man in ein Müsli so ziemlich alles tun kann? Herrlich!

UMWELTFREUNDLICH UND AUS HEIMISCHEM ANBAU

Ich bin seit Jahren eine eifrige Vertreterin der Ansicht, dass man seine Lebensmittel aus der unmittelbaren Nähe beziehen sollte – und wenn irgend möglich, dann natürlich auch aus ökologischem Anbau. Damit unterstütze ich Bauern und Hersteller in meiner Gegend, habe kurze Transportwege und weiß über die Herkunft meiner Nahrung Bescheid. Und das Ganze soll natürlich

nicht auf Kosten unserer Gesundheit gehen. Die Erzeugung und Herstellung der Lebensmittel muss schon artgerecht und schonend für Mensch, Tier und Pflanze sein.

ÖKO-ANBAU UND VOGELGESANG

Kann man eigentlich einen Unterschied zwischen Öko-Anbau und konventioneller Landwirtschaft erkennen? Aber ja! Der Hof neben uns gehört dem Ökobauern Daniel. In meinem ersten Jahr auf dem Pfarrhof fragte ich mich, warum es hier so irre viele Schmetterlinge, Insekten und Krabbeltiere gibt. Dann erklärte mir jemand, dass das an den natürlichen Anbaumethoden des Biohofs liegt. Dort werden beispielsweise keinerlei Insektenvernichtungsmittel eingesetzt. Das Insekten vertilgen besorgen diejenigen, deren Aufgabe das eigentlich auch ist: andere Flug- und Krabbeltiere.

Als mein lieber Vater mich im Frühling hier besuchte, kam er morgens todmüde aus dem Schlafzimmer geschlurft und beschwerte sich bitterlich über meine Hühner. Er war um Mitternacht von etwas aus dem Schlaf gerissen worden, das sich anhörte wie ein verrückt gewordener Papagei. Und als das gegen vier Uhr Morgens endlich verstummt war, fing der Hahn an zu krähen! Er hatte die ganze Nacht kein Auge zugetan. Nach mehreren Nächten des Lauschens, Fragen an vogelkundige Bekannte und heftigem Herumgoogeln fanden wir endlich des Rätsels Lösung: Es war eine Nachtigall! Ein gutes Zeichen, sagten die Vogelkundler, dass die hiesige Natur sich im Gleichgewicht befindet. Und ich persönlich finde es herrlich, wenn ich im Frühling und Sommer frühmorgens in den Garten gehe und von einem geradezu ohrenbetäubenden Vogelgezwitscher begrüßt werde!

NESSELGNOCCHI MIT BACON, BLATTSPINAT UND PECORINO

Gnocchi selbst zu machen, geht leichter, als viele denken. Man muss dafür nur eine mehlige, sehr stärkehaltige Kartoffelsorte verwenden. Statt gehobeltem Pecorino kann man auch einen anderen Hartkäse verwenden, beispielsweise Parmesan.

4 Portionen
Ca. 50 Minuten

Gnocchi
200 g junge Nesseln
800 g geschälte Kartoffeln (mehlig kochend)
1 großes Ei
Abgeriebene Schale von 1 großen Zitrone
½ EL Salz
200–250 g Mehl
2 EL Olivenöl

Zum Servieren
1 Paket Frühstücksspeck
Butter zum Braten (ca. 40 g)
Ca. 50 g frischer Blattspinat
50 g gehobelter Pecorino
Flockensalz
Frisch gemahlener schwarzer Pfeffer

1) Wasser in einem großen Topf zum Kochen bringen. Die Nesseln kurz abspülen und in dem kochenden Wasser blanchieren. Mit einer Schaumkelle herausheben, abkühlen lassen und die überschüssige Feuchtigkeit ausdrücken. Fein hacken.

2) Die Kartoffeln in dem ungesalzenen Wasser weich kochen. Das Wasser abgießen und die Kartoffeln wieder in den Topf zurückgeben und nochmals kurz auf dem Herd ausdampfen lassen. Die Kartoffeln stampfen, dann mit Ei, Nesseln, Zitronenschale und Salz verkneten. Zuletzt nach und nach das Mehl einarbeiten (die Menge richtet sich nach der verwendeten Kartoffelsorte).

3) Salzwasser in einem großen Topf zum Kochen bringen. Die Hände gut mit Mehl bestäuben und die Kartoffelmasse zu ca. 1 ½ cm großen Kugeln formen und mit den Fingern leicht flach drücken (das sieht hübscher aus). Die Gnocchi portionsweise je 1–2 Minuten in dem heißen Wasser kochen – sie sind gar, wenn sie an die Oberfläche steigen. Mit einem Schaumlöffel herausnehmen und auf einen Teller geben. Eventuell mit etwas Olivenöl beträufeln, damit sie nicht zusammenkleben.

4) Den Frühstücksspeck in Streifen schneiden und knusprig braten. Auf Küchenpapier abtropfen lassen.

5) Butter in einer Pfanne erhitzen. Wenn diese anfängt, Farbe zu bekommen, die Gnocchi darin kurz anbraten. Salzen, pfeffern und mit Bacon, frischem Blattspinat und Pecorino servieren.

CREMIGE CARBONARA MIT ERBSEN UND SPECK

Es gibt wahrscheinlich so viele Arten, Carbonara zu machen, wie es Italiener gibt, aber meine Variante ist ein wenig nordischer. Viele verwenden keine Sahne, sondern nur Mengen von Eigelb, aber mir persönlich gefällt die sahnige Cremigkeit dieses Gerichts.

4 Portionen
Ca. 20 Minuten

500 g Pasta (Tagliatelle, Linguini oder Spaghetti)
1 große Zwiebel
1 große Knoblauchzehe
1–2 EL Olivenöl zum Braten
200 g Räucherspeck
400 ml grüne Erbsen (frisch oder tiefgefroren)
5–6 Eigelbe
100–150 ml Sahne
300–400 ml fein geriebener Parmesan
150 ml fein gehackter Schnittlauch
Salz und viel frisch gemahlener schwarzer Pfeffer
Nach Geschmack frischer Rucola

1) Die Pasta in Salzwasser al dente kochen. Derweil Knoblauchzehen und Zwiebel fein hacken und in dem Öl glasig dünsten. Den Speck in Streifen schneiden und zu den Zwiebeln in die Pfanne geben. Wenn er sich zu bräunen beginnt, die Erbsen dazu geben und heiß werden lassen.

2) Eigelbe, Sahne, 2/3 des Parmesans und den Schnittlauch leicht verquirlen. Die frisch abgetropfte Pasta in die Pfanne geben und mit der Eimischung übergießen. Alles vorsichtig wenden, bis sich alle Zutaten gut vermischt haben. Mit Salz und reichlich Pfeffer würzen und mit dem restlichen Parmesan bestreut servieren. Dazu schmeckt frischer Rucola.

DAUPHINOISE-KARTOFFELN

Eine etwas alltagstauglichere (und kalorienärmere) Version des Klassikers.

4 Portionen
Ca. 15 Minuten + ca. 55 Minuten Garzeit

2 große Zwiebeln
800 g Kartoffeln, mehlig kochend
2–3 Knoblauchzehen
Salz und schwarzer Pfeffer
300 ml heiße Hühnerbrühe
50 g zimmerwarme Butter
200 ml fein geriebener Parmesan

1) Den Ofen auf 180 °C vorheizen. Zwiebeln und Kartoffeln in sehr dünne Scheiben schneiden. Den Knoblauch fein hacken.

2) Abwechselnd die Zwiebeln und Kartoffeln in eine ofenfeste Form schichten, mit einer Schicht Kartoffeln abschließen. Jeweils salzen, pfeffern und mit Knoblauch bestreuen. Mit der Brühe übergießen und die Butter flockenweise darauf verteilen. Zuletzt den Parmesan darüber streuen. Auf der unteren Schiene ca. 55 Minuten garen, bis die Oberfläche schön braun und knusprig ist und die Kartoffeln darunter gar sind.

VOLLKORN-RISOTTO MIT PILZEN

Der Roggen gibt dem Gericht eine herrlich säuerliche Note, die sehr gut zu dem Käse passt. Ich verwende Bier, weil mir der malzige Beigeschmack gut gefällt. Man kann auch Wein nehmen, muss dann aber den Essig weglassen.

4 Portionen
Ca. 30 Minuten

1 große Zwiebel
1 große Knoblauchzehe
3 EL Butter zum Braten
400 ml Roggen-Vollkornschrot
300 ml Bier (helles Lager)
50 ml Apfelessig
Ca. 800 ml fertige Hühnerbrühe
400 g Austernseitlinge (oder andere Pilze)
1–2 Knoblauchzehen
Butter zum Braten
Salz und frisch gemahlener schwarzer Pfeffer
200 ml fein geriebener Cheddar oder Parmesan
1 EL Butter
150 ml fein gehackte Petersilie
Parmesan zum Bestreuen

1) Zwiebel und Knoblauch hacken und in einem großen Topf in der Butter glasig dünsten. Den Roggen zugeben und unter ständigem Rühren ein paar Minuten weiter dünsten. Bier und Essig zugeben und einkochen lassen. Ein wenig Brühe angießen und auf mittlerer Hitze einkochen lassen, gelegentlich umrühren. Wenn die Flüssigkeit eingekocht ist, neue nachgießen und wieder einkochen lassen. So fortfahren, bis der Roggen gerade noch etwas Biss hat. Salzen und Pfeffern und noch einen Augenblick weiter kochen.

2) Wenn der Roggen den perfekten Biss hat (in der Mitte noch ein ganz klein wenig hart ist), den Topf vom Herd nehmen und, wenn nötig, ein wenig Brühe zusetzen. Das Risotto soll hier ziemlich locker und leicht flüssig sein. Den Deckel auflegen und stehen lassen, während die Pilze gebraten werden.

3) Die Pilze hacken oder raspeln und den Knoblauch hacken. In der Butter braten, bis die Pilze sich zu bräunen beginnen, dann Knoblauch, Salz und Pfeffer zugeben und weiter braten, bis der Knoblauch weich geworden ist.

4) Wenn das Risotto zu sehr abgekühlt ist, vorsichtig etwas aufwärmen, dabei eventuell mehr Brühe zusetzen. Den geriebenen Käse und die Butter zugeben und rühren, bis sich der Käse aufgelöst hat. Mit Salz abschmecken. Mit Pilzen, Petersilie und geriebenem Parmesan servieren.

SPEISEKAMMERBROT

Hier ist es besonders wichtig, das Brot nach dem Backen sofort aus der Form zu nehmen, da es sonst pappig wird. Statt der Rosinen kann man auch Backpflaumen oder getrocknete Aprikosen oder Feigen nehmen.

2 Brote
Ca. 20 Minuten + ca. 75 Minuten Backzeit

125 g Weizenschrot
125 g Roggenschrot
100 ml Rosinen
100 ml Leinsamen
50 ml Sonnenblumenkerne
1 EL Natron
2 TL Salz
2 EL Weizenkleie
625 g Mehl
1 L Schwedenmilch oder Dickmilch
100 ml dunkler Sirup
Nach Geschmack Haferflocken zum Bestreuen

1) Den Ofen auf 150 °C vorheizen. Alle Zutaten außer der Dickmilch und dem Sirup in einer Schüssel gut mischen. Dann Dickmilch und Sirup zugeben und gut verkneten. Den Teig auf zwei gefettete 1,5 Liter-Kastenformen verteilen und nach Geschmack oben mit Haferflocken bestreuen.

2) Auf der mittleren Schiene ca. 75 Minuten backen. Das Brot ist fertig, wenn es sich von den Kanten zu lösen beginnt. Aus der Form nehmen und mit einem Küchenhandtuch zugedeckt auf einem Kuchenrost abkühlen lassen.

AJO BLANCO

Ich hasse es, Essen wegzuwerfen, und wenn es irgendwelche Essensreste in unserer Familie im Überfluss gibt, dann ist es altes Brot. Daraus kann man jedoch wunderbar Semmelmehl machen – oder diese überaus leckere spanische Suppe!

4 kleine Portionen
Ca. 30 Minuten + 1–2 Stunden im Kühlschrank

4 dicke altbackene Weißbrotscheiben, ohne Rinde (ca. 60 g)
150 ml Vollmilch
100 g süße Mandeln
2 Knoblauchzehen
50 ml gutes Olivenöl
200 ml eiskaltes Wasser
Salz
Ca. 2 EL trockener Sherry oder Weißwein

Zum Bestreuen
Geröstete Mandelflocken
Fein gehackte Petersilie
Olivenöl

1) Das Brot 8–10 Minuten in die Milch einlegen, bis das Brot die Flüssigkeit ganz aufgenommen hat. Die Mandeln blanchieren und schälen. Den Knoblauch fein hacken. Das Milchbrot zusammen mit Mandeln und Knoblauch im Mixer zerkleinern.

2) Bei laufendem Mixer das Olivenöl tropfenweise zugeben. Zuletzt das Wasser zugeben, bis die Mischung eine cremige, flüssige Konsistenz hat. Mit Sherry und Salz abschmecken und 1–2 Stunden in den Kühlschrank stellen. Mit gerösteten Mandelflocken und gehackter Petersilie bestreut und mit Olivenöl beträufelt servieren. Dazu schmeckt ein Glas trockener Sherry oder Weißwein.

GRUNDREZEPT FÜR PIE-TEIG

Dies ist meiner Meinung nach der beste Pie-Teig, den es überhaupt gibt. Wir verwenden ihn auch für die Quiche auf Seite 38.

4–6 Portionen
Ca. 10 Minuten + 30 Minuten im Kühlschrank

100 g Butter aus dem Kühlschrank
225 g Mehl
100 g Ricotta oder Quark
½ TL Salz

1) Die Butter würfeln und rasch mit den anderen Zutaten zu einem Teig verkneten.

2) Den Teig auf einer leicht bemehlten Arbeitsfläche rasch durchkneten und zu einer 3 mm dicken Platte ausrollen. Eine Backform damit auskleiden, gut an Boden und Kanten andrücken und am oberen Rand etwas überstehen lassen. Den Pieboden mit Folie abdecken und 30 Minuten in den Kühlschrank stellen.

3) Den Ofen auf 220 °C vorheizen. Die Folie abziehen und den Boden mehrmals mit einer Gabel einstechen. Die Kanten mit Alufolie abdecken und auf der mittleren Schiene ca. 12 Minuten goldbraun backen.

KOKOSREIS MIT BLUMENKOHL UND ZWIEBELN

Kochen Sie dieses Risotto lieber etwas länger und auf niedriger Temperatur, damit der empfindliche Reis nicht zerfällt!

4 Portionen
Ca. 30 Minuten

400 ml Jasminreis
400 ml Kokosmilch
300 ml Hühner- oder Gemüsebrühe
½ TL Salz
50 g frischer Ingwer
2–3 Knoblauchzehen
1 Blumenkohl (ca. 600 g)
Neutrales Speiseöl zum Braten
abgeriebene Schale von 2 Limetten
1/3 Gurke
3 Frühlingszwiebeln
1 Bund frischer Koriander, gehackt
Geröstete Cashewkerne oder Kokosflocken nach Geschmack

1) Reis, Kokosmilch, Brühe und Salz bei mittlerer Temperatur aufkochen (ohne Deckel). Gelegentlich umrühren und nach Bedarf mehr Brühe zugeben.

2) Den Ingwer schälen und sehr fein hacken. Den Knoblauch in dünne Scheiben schneiden und den Blumenkohl in Röschen zerteilen. Das Öl in einer Pfanne sehr heiß werden lassen. Blumenkohl, Knoblauch und Ingwer unter Rühren braten, bis der Blumenkohl sich zu bräunen beginnt. Mit Salz und Limettenschale würzen.

3) Gurke, Zwiebeln und Koriander hacken.

4) Den Reis mit Blumenkohl, Gurke, Zwiebeln und Koriander auf Teller verteilen und mit gerösteten Cashewkernen oder Kokosflocken bestreut servieren.

KONFIERTE KARTOFFELN

Entenschmalz bekommt man in gut sortierten Feinkostgeschäften zu kaufen, wenn man selbst keins vorrätig hat.

4 Portionen
Ca. 40 Minuten

800 g gute Kartoffeln, zum Beispiel Amandine, Anya oder Bamberger Hörnchen
2 Knoblauchzehen, zerdrückt
3 Thymianzweige
3 Rosmarinzweige
1 Peperoncino (Piri Piri)
Abgeriebene Schale von 1 Zitrone
Meersalz
Schwarzer Pfeffer
400 g Entenschmalz
400 ml Olivenöl

1) Den Ofen auf 200 °C vorheizen. Die Kartoffeln waschen und der Länge nach halbieren. Zusammen mit Knoblauch, Kräutern, Peperoncino und Zitronenschale in eine ofenfeste Form geben, salzen und pfeffern. Entenschmalz und Öl darüber verteilen und gut 30 Minuten im Ofen garen.

2) Das Fett abgießen und auf saubere Gläser verteilen. Es hält sich im Kühlschrank ein paar Wochen und ist hervorragend zum Braten geeignet. Die Kartoffeln schmecken wunderbar zu Huhn, Ente oder Steak.

RISOTTO MIT KREBSEN, BRAUNER BUTTER UND GERÖSTETEM MAIS

Sind keine frischen Maiskolben zur Hand, kann man auch gekochte Maiskolben rösten, bis sie schön goldbraun sind. Das Risotto wird in selbst gekochter Krebsbrühe nach dem untenstehenden Rezept gegart. Wenn Sie es eilig haben, geht natürlich auch gekaufte Brühe.

4 Portionen
Ca. 40 Minuten

2 Maiskolben mit Blättern
2 Bananenschalotten
2 Knoblauchzehen
12 rohe Flusskrebse (frisch oder tiefgekühlt
Olivenöl
1 Peperoncino (Piri Piri)
400 ml trockener Weißwein
800 ml Wasser
2 EL Butter zum Braten
300 ml Arborio- oder Carnaroli-Reis
50 g Butter zum Braten
200 ml geriebener Parmesan + extra zum Bestreuen
Salz und schwarzer Pfeffer

1) Den Ofen auf 225 °C vorheizen. Die Maiskolben (in den Blättern) auf der mittleren Schiene garen (probeweise mit einem scharfen Messer einstechen).

2) Derweil die Schalotten und eine der Knoblauchzehen fein hacken. Die Krebse schälen (tiefgefrorene Krebse lösen sich leichter aus den Schalen). Auch das Fleisch aus den Scheren verwenden (sofern vorhanden). Das Fleisch in den Kühlschrank stellen und die Schalen zurückbehalten.

3) Zwiebel, Knoblauch und Peperoncino in einem großen Topf in dem Olivenöl bei mittlerer Temperatur glasig dünsten. Die Temperatur hochschalten und die Krebsschalen zugeben. Ein paar Minuten unter Rühren anbraten, dann den Wein zugeben und aufkochen lassen. Das Wasser zugeben und ca. 10 Minuten zugedeckt kochen lassen. Die Brühe abseihen und mit Salz abschmecken.

4) Die restliche Schalotte und Knoblauch hacken und in der Butter glasig dünsten. Den Reis zugeben und ein paar Minuten anbraten, dann die Temperatur herunterschalten nach und nach unter gelegentlichem Rühren die Krebsbrühe zugeben. Wenn die Flüssigkeit eingekocht ist, neue Brühe zugeben. So fortfahren, bis der Reis gar ist und das Risotto eine lockere Konsistenz hat.

5) Derweil 50 g Butter bräunen: Die Butter bei mittlerer Temperatur in einen Topf geben und gelegentlich umrühren, bis sie sich goldbraun gefärbt hat und leicht nussig und karamellig duftet. Dann vom Herd nehmen und noch einen Esslöffel Butter dazugeben – das senkt die Temperatur und verhindert, dass die Butter anbrennt.

6) Das Risotto vom Herd nehmen und das Krebsfleisch samt brauner Butter und dem Parmesan dazu geben und umrühren, bis sich der Parmesan aufgelöst hat. Deckel auflegen und ein paar Minuten stehen lassen.

7) Die Maiskörner von den Kolben lösen und in das Risotto rühren. Mit geriebenem Parmesan bestreut servieren.

Das Meer

Wenn ich mal eine richtige Pause brauche, setze ich mich auf mein Fahrrad und radele ans Meer. Einfach, um die Stille zu genießen und die Unendlichkeit des Horizonts. Mich kann man an belebten Stränden lange suchen, ich ziehe sommers wie winters die entlegeneren Orte vor. Und das mag ich so an Falkenberg, dass es dort wirklich noch einsame und verlassene Buchten und Strände gibt! Man kann an einem Sommerabend zu einem kilometerlangen Strand radeln und praktisch der einzige Mensch dort sein. Leider muss man beinahe bis nach Dänemark waten, um in einigermaßen tiefes Wasser zu gelangen – sonst wäre es der perfekte Nacktbadestrand.

Die meisten werden wohl mit der Westküste und mit Falkenberg nur das Meer und den Strand verbinden, aber es gibt noch viel mehr Wasser in dieser Gegend! Es münden etliche kleine Flüsschen in das Meer, an denen man beispielsweise wunderbar angeln kann – entweder an den Mündungen, wo das Süßwasser auf das Salzwasser trifft oder weiter landeinwärts.

Ich bin nicht besonders gut im Fliegenfischen, aber ich liebe das Meditative an dieser Angelmethode. Und jeden Winter nehme ich mir aufs Neue vor, im kommenden Sommer mehr zu üben, damit die Angelrute, die in der Garderobe auf mich wartet, endlich mal zu ihrem Recht kommt.

Doch das Meer, die Flüsschen und die kleinen Seen um uns herum geben uns nicht nur Gelegenheit für ein erfrischendes Bad, sondern sie beliefern uns auch mit Fisch und Meeresfrüchten. Zwar ist der Fischbestand recht mager, aber da haben wir Menschen nun leider selber Schuld daran. Einerseits kümmern wir uns nicht genug um die Hege und Pflege unserer Gewässer und andererseits stellen wir viel zu niedrige Ansprüche an den Fisch, den wir kaufen. Inzwischen kann man sehr leicht und schnell herausfinden, wo genau, wann genau und von wem der frische Fisch, den man vor sich hat, gefangen wurde. Dadurch können wir als Konsumenten sicher gehen, dass der Fisch, den wir vor uns haben, aus verantwortungsvollem und nachhaltigem Fischfang kommt.

AUF „R" SETZEN

Die alte Faustregel, dass man zumindest Muscheln nur in Monaten mit R essen soll, ist im Grunde noch immer nicht überholt. In diesen Monaten ist die Wassertemperatur kühler und die Qualität des frischen Fangs daher am besten. Von Mai bis August ist ganz einfach nicht die Hochsaison für gute Meeresfrüchte.

Es ist mir aufgefallen, dass viele Menschen vor dem Kauf und der Zubereitung von Fisch zurückschrecken – so, als wäre das eine sehr komplizierte und beschwerliche

Angelegenheit. Und sie stellen mir viele Fragen: Wie macht man es, dass der Fisch beim Braten nicht in der Pfanne kleben bleibt? Und wie entgrätet man Fisch? Wie erkennt man, dass er gar ist? Ich sage dann meist, dass mit einem ordentlichen Klecks Butter und einem anständigen, digitalen Fleischthermometer eigentlich nichts schiefgehen kann. Denn es ist wirklich nicht schwer, Fisch zuzubereiten. Außerdem arbeitet in den Fischgeschäften und an den Fischtheken der Supermärkte meist ausgebildetes Personal, das Ihnen gern Rede und Antwort steht, den Fisch für Sie ausnimmt und oft sogar Tipps parat hat, wie man ihn am besten zubereitet. Lassen Sie sich beraten – und lassen Sie sich helfen!

DIE RICHTIGE WAHL

Und dann kommt die bohrende Frage, welchen Fisch wir denn am Besten nehmen sollten, um die Umwelt nicht zu sehr zu belasten. Es war gewiss nicht immer so, aber durch das wesentlich höhere Verantwortungsbewusstsein der Konsumenten und Produzenten haben sich in den letzten Jahren viele Fischarten wieder erholt und der Bestand ist größer und gesünder als seit Langem. Wenn Sie ganz sicher gehen wollen, dann schauen Sie einmal auf der Website der WWF vorbei (www.wwf.de). Auf www.wwf.ch finden Sie außerdem einen praktischen deutschsprachigen Ratgeber für Fische & Meeresfrüchte. Die verschiedenen Arten sind dort in vier Kategorien aufgeteilt: „Empfehlenswert“, „Akzeptabel“, „Nicht empfehlenswert“ und „Hände Weg!“. Greenpeace (www.greenpeace.de) hat einen „Einkaufsratgeber Fisch“ herausgebracht, der jedoch nicht immer mit der etwas unbesorgteren Meinung des Fisch-Informationszentrums übereinstimmt (fischinfo.de). Wenn ein Fisch außerdem mit dem Zertifikat des Marine Stewardship Council (MSC) ausgezeichnet ist, kann man ihn unbedenklich kaufen.

FISCHFILET ENTGRÄTEN

Das Entgräten geht folgendermaßen: Das Fischfilet mit der Hautseite auf eine Schneidunterlage legen. Mit dem Zeigefinger "gegen den Strich" über das Filet streichen, bis man die im Fleisch verbliebenen Gräten fühlt. Nun ein scharfes Messer hinter der letzten gefühlten Gräte ansetzen und v-förmig nach vorne schneiden oder schaffen Sie sich eine Grätenpinzette an.

FISCH IM GANZEN KAUFEN

Kaufen Sie das nächste Mal ganze Fische statt Filet! Aus den nach dem Filetieren übriggebliebenen Resten kann man wunderbar Fischfonds kochen. Größere verwertbare Reste aus Schwanz und Bauchlappen einfach einfrieren und nach und nach weitere Reste hinzufügen, bis man genug zusammen hat für Fischfrikadellen. Es macht gar nichts, wenn es verschiedene Fischsorten sind! Manche Sorten jedoch, beispielsweise Dorsch, Hecht oder Lachs enthalten mehr Protein und halten dadurch besser zusammen.

AUSTERN MIT BACON, GURKEN UND BRAUNER BUTTER

Austern sind vielseitiger, als man glaubt. Sie vertragen sich zum Beispiel ausgezeichnet mit Fett. Ich selbst liebe die Kombination von herzhaftem Räucherspeck, frischen Gurken und dem wunderbar mineralischen Geschmack der Austern. Der leicht nussige Geschmack von brauner Butter rundet das Ganze ab. Sofort servieren, sonst wird die Butter in der kühlen Auster wieder fest!

4 Portionen
Ca. 10 Minuten

2 Scheiben Bacon
Ca. 15 cm Gurke
1 EL frisch gepresster Zitronensaft
75 g Butter zum Bräunen
12 schöne Austern
100 ml geröstete Mandelflocken
Zitronenschale nach Geschmack

1) Den Speck in Streifen schneiden und knusprig braten. Auf Haushaltspapier abtropfen lassen, dann fein hacken. Die Gurke schälen, halbieren und die Kerne entfernen. Das Gurkenfleisch fein hacken und mit dem Zitronensaft mischen. Die Butter bräunen (siehe Seite 186).

2) Die Austern öffnen, aus der Schale lösen, jedoch darin liegen lassen. Mit Gurken und Speck füllen, mit brauner Butter übergießen, mit Mandelflocken und nach Geschmack mit Zitronenschale garnieren und sofort servieren.

LACHS MIT KRÄUTER-KÄSEKRUSTE

Grillen sie den Lachs am besten auf der Folie, damit der geschmolzene Käse nicht in die Glut rinnt und dort verbrennt!

4 Portionen
Ca. 30 Minuten

150 ml gehackte Kräuter (zum Beispiel Oregano, Thymian, Basilikum)
100 g gut gereifter Käse, gerieben
200 ml geröstete Kürbiskerne
Salz und frisch gemahlener schwarzer Pfeffer
700 g Lachs mit Haut

Zum Servieren
Frische Salzkartoffeln
Gemischter Salat

1) Kräuter, geriebenen Käse und Kürbiskerne gut vermengen. Den Lachs auf der Fleischseite salzen und pfeffern, dann mit der Hautseite nach unten auf Grillfolie legen. Die Kräuter-Käsemischung auf den Lachs schichten und vorsichtig mit den Fingern andrücken.

2) Den Fisch in der Folie über der Glut grillen, dabei den Deckel des Grills schließen. Das Fleisch soll sich leicht mit der Gabel zerteilen lassen, das dauert ca. 20 Minuten. Nicht zu lange grillen, damit der Fisch nicht trocken wird, er darf gern ganz innen noch etwas roh sein.

Man kann den Lachs selbstverständlich auch im Ofen garen (das dauert ca. 30 Minuten bei 150 °C). Wenn Sie ein Fleischthermometer haben, gilt dafür dasselbe wie unten beschrieben.

Wenn Sie ein Fleischthermometer haben, stecken Sie es in die dickste Stelle. Wenn diese 50 °C erreicht hat, ist der Lachs fertig. Er gart unmittelbar nach dem Grillen noch etwas nach. Mit Kartoffeln und Salat servieren.

GEGRILLTE HERINGSFILETS MIT PICO DE GALLO

Meiner Meinung nach essen wir viel zu selten den guten Fisch aus unseren Meeren, beispielsweise Hering. Der fette Fisch lässt sich gut grillen und passt ausgezeichnet zu der säuerlichen und scharfen mexikanischen Gewürzsauce Pico de Gallo.

4 Portionen
Ca. 30 Minuten

Pico de Gallo
6 große Tomaten
1 Zwiebel
1/2–1 Jalapeno-Schote, ohne Kerne
1 Bund frischer Koriander, gehackt
Saft von 2 großen Limetten
1 Prise Zucker
Salz

Gegrillter Hering
2 Knoblauchzehen
50 ml Olivenöl
Abgeriebene Schale und Saft von 1 Zitrone
12 frische Heringsfilets
Salz und frisch gemahlener schwarzer Pfeffer

1) Die Tomaten halbieren und die Kerne herauslöffeln. Tomaten, Zwiebel und Chili hacken und in einer Schale zusammenrühren. Limettensaft, gehackten Koriander und Zucker dazu geben und reichlich salzen und pfeffern. 30 Minuten stehen lassen.

2) Den Knoblauch sehr gut zerdrücken und zusammen mit Olivenöl, Zitronensaft und -zeste in einer großen Schüssel gut verrühren. Das Öl soll den Knoblauchgeschmack gut in sich aufnehmen.

3) Die Heringsfilets in die Marinade legen, gut darin wenden und ca. 20 Minuten stehen lassen. Dann herausnehmen und von beiden Seiten salzen und pfeffern. In einen Fischkorb legen und von beiden Seiten je ca. 2–3 Minuten grillen. Zusammen mit Pico de Gallo servieren.

LACHSSALAT MIT SCHAFSKÄSE-SCHNITTLAUCHCREME

So ein herzhafter Salat ist ein herrliches Sommergericht. Ich persönlich finde, dass Saucen und Vinaigrettes den Salat nur unnötig beschweren. Er bleibt knackiger, wenn man die Sauce als erstes auf den Teller gibt und diese dann mit den Blättern aufnimmt.

4 Portionen
Ca. 20 Minuten

Schafskäse-Schnittlauchcreme
100 g Frischkäse
150 ml Schnittlauch, gehackt
2 Knoblauchzehen, gerieben
150 g Schafskäse (Feta)
100 ml saure Sahne
Saft von ½ Zitrone
Salz und schwarzer Pfeffer

Lachssalat
100 ml geröstete Mandeln
½ Kopf Salat nach Wahl
400 ml grüne Erbsen (frisch, tiefgekühlt oder aus der Dose)
500 g warm geräucherter Lachs
2–3 Dillstängel, gezupft
2–3 Minzezweige, gezupft
Salz und frisch gemahlener schwarzer Pfeffer
Olivenöl
abgeriebene Schale von 1 Zitrone
Zitronenschnitze zum Servieren

1) Frischkäse, Schnittlauch, Knoblauch und Fetakäse zusammen cremig rühren, dann die saure Sahne zugeben und mit Zitrone, Salz und Pfeffer abschmecken.

2) Die Mandeln hacken, den Salat zupfen und die Erbsen kurz in Salzwasser blanchieren. Den Lachs zerpflücken.

3) Die Käsecreme auf eine Servierplatte oder auf vier Teller verteilen, dann Salat, Lachs, Erbsen und Kräuter darüber geben und mit den gehackten Mandeln bestreuen. Mit Olivenöl beträufeln und mit der Zitronenzeste bestreuen. Zitronenschnitze dazu reichen.

ASIATISCHE MIESMUSCHELN

Ich liebe Muscheln! Sie sind schnell gemacht und ein ideales Gericht, wenn man viele Gäste hat. Dieses Rezept hat einen deutlich asiatischen Einschlag mit seiner aromatischen Currysauce.

4 Portionen
Ca. 15 Minuten

Ca. 1 kg frische Miesmuscheln
1 Zwiebel
2 große Knoblauchzehen
4 Stängel Zitronengras
50 g frischer Ingwer
1 große Mohrrübe
150 g Zuckerschoten
5 Frühlingszwiebeln
Speiseöl
1 ½ EL grüne Currypaste
400 ml Kokosmilch
200 ml Sahne
1 1/2–2 EL Fischsauce
Saft von 1 großen Limette
Salz
½ Bund Koriander, grob gehackt

Zum Servieren
Jasminreis oder frisches Brot

1) Die Muscheln ca. 5 Minuten unter kaltem Wasser abspülen. Dann die Bärte entfernen (das geht am besten mit einem scharfen Messer). Offene oder beschädigte Muscheln wegwerfen.

2) Zwiebeln hacken und Knoblauch fein hacken. Das Zitronengras mit dem Messerrücken weich klopfen, um das Aroma freizusetzen und dann der Länge nach halbieren. Ingwer schälen und fein hacken. Die Mohrrübe schräg in Scheiben schneiden und die Zuckerschoten und Frühlingszwiebeln in Juliennestreifen schneiden.

3) Öl in einem großen Topf erhitzen und Zwiebeln und Knoblauch darin glasig dünsten. Zitronengras, Ingwer, Mohrrübe und Currypaste zugeben und noch einen kurzem Moment auf hoher Temperatur dünsten. Die Muscheln dazu geben und ein paar Minuten dünsten. Dann Kokosmilch, Sahne und Fischsauce angießen und aufkochen lassen. Den Deckel auflegen und ca. 5 Minuten kochen. Limettensaft zugeben und salzen. Zuckerschoten, Koriander und Frühlingszwiebeln in den Topf geben, alles gut mischen und sofort servieren (vorher ungeöffnete Muscheln entfernen). Schmeckt für sich allein oder mit Reis bzw. frischem, knusprigen Brot.

Leckere Muschelgerichte:

- Klassische Moules Marinières
- Moules Marinières mit geräucherter Paprika und Chorizo
- Gegrillte Muscheln, sofort nach dem Öffnen in guter Salsa gewendet
- Pasta mit Muscheln in Weißwein, Knoblauch, Zitrone und Peperoncino
- Muscheltatar: Muscheln kurz aufkochen, dann fein hacken, mit Gurke, Dill, brauner Butter, Zitrone und Schnittlauch verfeinern

KNACKIGER FISCHSALAT

Besonders Fische mit festem Fleisch lassen sich gut mit den unterschiedlichsten Geschmacksrichtungen kombinieren. Probieren Sie doch einmal diesen herzhaften Salat! Man kann das Dressing gut vorbereiten, sollte jedoch den Salat erst unmittelbar vor dem Servieren darin wenden, da er sonst zusammenfällt. Rettich und Mohrrüben kann man ebenfalls vorbereiten, muss sie dann jedoch in eiskaltem Wasser im Kühlschrank aufbewahren, bis sie gebraucht werden.

4 Portionen
Ca. 30 Minuten

600 g frischer Lachs, Dorsch, Saibling oder eine andere Fischsorte mit festem Fleisch
1 Portion Grillgewürzmischung (siehe Seite 96)
Limettenspalten zum Servieren

Dressing
2 EL Sesamöl
50 ml frisch gepresster Zitronensaft
1 EL Rohrzucker
1 EL frischer Ingwersaft (Ingwer reiben und die Flüssigkeit auspressen)
Salz

Salat
4 Mohrrüben
1/3 Rettich
½ Gurke
1 grüne Chilischote
3 Salatzwiebeln
1 Bund frischer Koriander, gehackt

1) Den Fisch putzen und mit der Gewürzmischung einreiben, dann nach Möglichkeit ein paar Stunden in den Kühlschrank stellen. Den Fisch entweder grillen oder im Ofen garen (ca. 30 Minuten bei 175 °C). Das Fleisch soll sich leicht mit der Gabel zerteilen lassen, das dauert ca. 30 Minuten. Den Fisch nicht zu lange grillen, damit er nicht trocken wird, er darf gern ganz innen noch etwas roh sein.

2) Derweil alle Zutaten für das Dressing zusammenrühren und mit Salz abschmecken.

3) Mohrrüben und Rettich in Juliennestreifen schneiden (mit einem scharfen Messer oder mit dem Küchenhobel). Die Gurke entkernen und ebenfalls in sehr feine Streifen schneiden. Die Chili fein hacken und die Zwiebel in dünne Ringe schneiden. Alles zusammen in eine Schüssel geben und vorsichtig in dem Dressing wenden. Den Koriander hacken und unter den Salat mischen.

4) Den Fisch mit der Gabel zerpflücken und auf dem Salatbett anrichten. Mit Limettenschnitzen garnieren.

In dünne Stifte geschnittenes Gemüse ist eine wunderbare Vorspeise oder Zwischenmahlzeit, die sowohl Kinder als auch Erwachsene mögen. Dazu verschiedene Dips servieren.

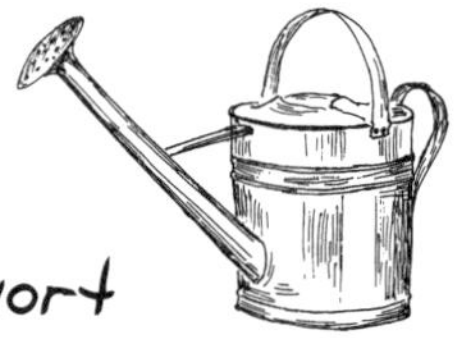

Nachwort

So, da haben Sie mich nun durch mein geliebtes Skrea Backe begleitet. Ich hoffe, dass Sie dabei im Geiste die Kakophonie der Vögel gehört haben, die uns frühmorgens und abends im Frühling und Sommer auf den Wiesen begleitet. Dass Ihnen auf dem herbstlichen Kornfeld eine frische Brise vom Meer her durch die Haare geweht ist und der Duft des blühenden Flieders im Frühling, das Aroma der Gülle auf den Feldern und der appetitliche Geruch unserer ofenfrischen Pizza in die Nase gestiegen ist. Und dass Sie das Knirschen der Kieswege unter den Schuhen gehört haben.

Ich wollte so viel mehr in dieses Buch einbringen als nur die Anzahl der Esslöffel, der Portionen oder die genaue Zubereitung von Koch- und Backrezepten, und ich hoffe, dass mir das gelungen ist. Es geht mir in diesem Buch vor allem auch um das ganze Drumherum: Um die Qualität und Herkunft der Zutaten; um die Menschen, die Tiere und die Natur, die dabei mitgewirkt haben, dass ich frische Lebensmittel im Hause habe, mit denen ich experimentieren kann, um leckeres Essen auf den Tisch zu bringen. Hier am schönsten Ort der Welt zu wohnen hat mir ein neues Verständnis und neuen Respekt für den Lauf der Jahreszeiten gegeben.

Früher habe ich mir um Essensreste nicht viele Gedanken gemacht und sie einfach weggeworfen. Heute zieht es mir das Herz zusammen, wenn ich an die langen Abende denke, die mein Nachbar Daniel auf dem Traktor oder im Viehstall zubringt, damit wir Milch, Butter und Käse im Kühlschrank haben. Und ich denke daran, wie abhängig Vieh- und Gemüsebauern von Wind, Wetter und Jahreszeiten sind – genauer gesagt, von den Launen der Natur! Wenn es um Lebensmittel geht, liegen die Dinge nun einmal nicht so einfach, wie man denkt.

Ich hoffe, dass Sie aus diesem Buch zwei Dinge mitnehmen: Erstens, dass hinter jeder Ware, die Sie in Ihren Einkaufskorb legen, irgendwo die Leistung eines Menschen steckt – und dass gesunde und erstklassige Lebensmittel eigentlich noch viel mehr kosten müssten, als sie es heute tun. Wir Konsumenten müssen endlich lernen, dabei die richtigen Prioritäten zu setzen. Das klingt hart, aber genau das ist meine Meinung.

Danksagung

Zuallererst möchte ich dem weltbesten Traumteam Marcus und Lilly danken: Ohne euch wäre das alles nicht möglich gewesen. Ich liebe euch von unserem Restaurant bis hin zum Ende der Welt!

Vielen Dank auch unseren Familien in Falkenberg, Skillingaryd und Sjötofta. Was wären wir ohne eure Hilfe, eure Energie und Unterstützung? Ihr seid die Besten!

Und allen, die in Skrea Backe wohnen: Ihr seid fantastisch! Ihr seid der Grund, dass dies der beste Ort der Welt ist. Meine Familie und ich sind euch ewig dankbar für all die nachbarschaftliche Hilfe, die Gemeinschaft und den Spaß, den wir zusammen haben. Und für eure Geduld bei all dem Publikumsansturm und dem Verkehrs- und Parkplatzchaos, das so etwas mit sich bringt. Ohne diese könnten wir das alles, was wir tun, gar nicht machen. In Skrea Backe ist einfach alles möglich – vielen Dank dafür!

Wie immer auch den weltgrößten Dank und alles Liebe und Gute den wunderbaren Produzenten rund um uns herum! Ihr seid mir ein ständiger Quell der Inspiration und der guten Ratschläge.

Ugglarps Grönt, Solhaga Stenugnsbakeri, Skrea Ost, Skrea Gärdesgård mit seinem kleinen Hofladen, Gudmundsgården, Berte Qvarn, Falkenberg Seafood, Kullsgärde Gård, Folkared 15, Byaregårdens Brygghus, Funghigården, Ullarps Gård und viele, viele andere mehr. Ihr seid meine Helden!

Und Euch allen, die Ihr zu uns kommt und Euch zu uns an den Tisch setzt, um zu essen, zu trinken und es sich wohl sein zu lassen, sage ich DANKE! Dafür, dass Ihr unser verrücktes Projekt, Prostens Pizzeria, so tatkräftig unterstützt, dass uns wegen Euch die Arbeit so sagenhaft viel Spaß macht und dass wir unserer Experimentierfreude so freien Lauf lassen können. Wir wünschten, dass wir immer genug Platz für alle hätten, die zu uns kommen wollen!

Danke dem besten Fotograf, den man sich denken kann – Magnus Carlsson. Dafür, dass es solchen Spaß macht, mit dir zu arbeiten und dass das Ergebnis so makellos schön ist! Wenn du wüsstest, wie sehr ich deinen Sinn für Ästhetik, für die rechte Pose – und deine Freundschaft schätze! Dass du auch noch einen tollen Musikgeschmack hast, ist ein netter Bonus.

Die schönsten Keramik- und Porzellanarbeiten unserer Zeit stammen aus den Händen der wunderbaren Elin Lannsjö. Schauen Sie einmal bei elinlannsjo.blogspot.se vorbei, um zu sehen, was für unglaublich tolle Sachen man aus einer Handvoll Ton machen kann. Du bist die Beste, danke für die schönen Leihgaben!

Danke auch all den lieben Menschen bei Bonniers, Sveavägen 56, dafür, dass ihr mir dieses Traumprojekt ermöglicht habt!

Danke der weltbesten Verlegerin Kerstin Bergfors – ich freue mich darauf, bald dein Reise- und Filmbuch lesen zu können, das wird bestimmt supertoll!

Ich habe außerdem die allerbeste Lektorin der Welt und sie heißt Annika Ström. Sie findet immer die rechten Worte, bei denen mir stets warm ums Herz wird, egal, ob es sich um Bücher, Kinder oder Arbeitsstress handelt. DANKE SCHÖN!

Es ist immer schön, mit einem neuen Menschen zusammenarbeiten zu können – in diesem Fall ist es die Redakteurin Lisa Zachrisson. Danke für deine Geduld und deine Gabe, alles zu einem gelungenen Buch zusammenzufügen, an dem ich mich nie sattsehen werde!

Ulla Joneby ist meine Heldin draußen in der großen, weiten Welt, denn sie sorgt dafür, dass meine eigenen und die Bücher anderer Autoren weit über die schwedischen Landesgrenzen hin bekannt werden. Danke für deinen fantastischen Einsatz!

Ich liebe schäbige, herrliche alte Autos – besonders, wenn ich dort mitfahren oder besser noch, selbst fahren darf. Leif Eriksson, vielen Dank für die Landpartie in deiner schwarzen Schönheit. Eines Tages werde ich mir auch einmal einen Pick up anschaffen.

Und vielen Dank an Jonathan Störby und Familie, die uns einmal ihren neuen Jeep zur Verfügung gestellt haben!

Und nicht zuletzt herzlichen Dank an meine Leser! Denn ihr macht es erst möglich, dass ich einer meiner allerliebsten Beschäftigungen nachgehen kann: Kochbücher schreiben!

Register

Rezepte nach Kapiteln geordnet

Zutatenregister

Originalausgabe:
LISA PÅ LANDET
erschienen bei Bonnier Fakta, Stockholm, Schweden

Fotos Magnus Carlsson
ISBN 978-91-7424-459-5

Deutsche Ausgabe:

Übersetzung: Frauke Watson, Ballaugh, Isle of Man
Druckvorstufe: AW-Grafik, Detmold
Druck und Herstellung in Lettland
ISBN 978-3-512-04073-3

www.bussecollection.de

KARTE VON SKREA BACKE
hier wohnt der Fotograf
Kuhweide
Zum Meer
Küchengarten
Prostens Pizzeria
Bauernhof
hier wohnen wir
Kornfeld